신입사원 채용대비

포스코그룹 PAT

인적성검사

포스코그룹 PAT

인적성검사

초판 발행		2020년 4월 24일
개정판 발행		2023년 10월 4일

편 저 자 | 취업적성연구소
발 행 처 | ㈜서원각
등록번호 | 1999-1A-107호
주   소 | 경기도 고양시 일산서구 덕산로 88-45(가좌동)
교재주문 | 031-923-2051
팩   스 | 031-923-3815
교재문의 | 카카오톡 플러스 친구[서원각]
홈페이지 | goseowon.com

PREFACE

우리나라 기업들은 1960년대 이후 현재까지 비약적인 발전을 이루었다. 이렇게 급속한 성장을 이룰 수 있었던 배경에는 우리나라 국민들의 근면성 및 도전정신이 있었다. 그러나 빠르게 변화하는 세계 경제의 환경에 적응하기 위해서는 근면성과 도전정신 이외에 또 다른 성장 요인이 필요하다.

한국기업들이 지속가능한 성장을 하기 위해서는 혁신적인 제품 및 서비스 개발, 선도 기술을 위한 R&D, 새로운 비즈니스 모델 개발, 효율적인 기업의 합병·인수, 신사업 진출 및 새로운 시장 개발 등 다양한 대안을 구축해 볼 수 있다. 하지만, 이러한 대안들 역시 훌륭한 인적자원을 바탕으로 할 때에 가능하다. 최근으로 올수록 기업체들은 자신의 기업에 적합한 인재를 선발하기 위해 기존의 학벌 위주의 채용을 탈피하고 기업 고유의 인·적성검사 제도를 도입하고 있는 추세이다.

포스코그룹에서도 업무에 필요한 역량 및 책임감과 적응력 등을 구비한 인재를 선발하기 위하여 고유의 인·적성검사인 PAT시험을 치르고 있다. 본서는 포스코그룹 채용대비를 위한 필독서로 포스코 인·적성시험의 출제경향을 철저히 분석하여 응시자들이 보다 쉽게 시험유형을 파악하고 효율적으로 대비할 수 있도록 구성하였다.

신념을 가지고 도전하는 사람은 반드시 그 꿈을 이룰 수 있습니다. 처음에 품은 신념과 열정이 취업 성공의 그 날까지 빛바래지 않도록 서원각이 수험생 여러분을 응원합니다.

STRUCTURE

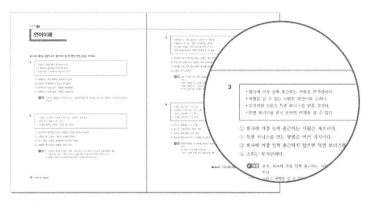

직성검사

다양한 유형의 출제예상문제를 수록하여 실전에 완벽하게 대비하도록 하였습니다.

상세한 해설

문제의 핵심을 꿰뚫는 명쾌하고 자세한 해설로 수험생들의 이해를 돕습니다.

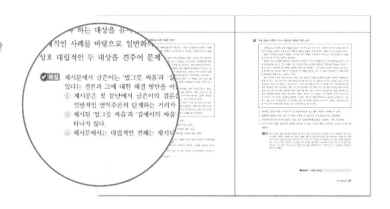

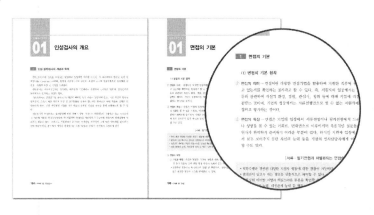

인성검사 및 면접

성공적인 취업을 위한 인성검사와 면접 기출을 수록하여 취업의 마무리까지 깔끔하게 책임지도록 하였습니다.

CONTENTS

PART

01

기업소개
및 채용안내

기업소개

(1) 포스코 비전

① 비전 ··· Better World with Green Steel

② 리얼밸류
- ㉠ 환경적 가치 : 핵심기술로 탄소중립 사회를 선도
- ㉡ 경제적 가치 : 철의 새로운 가치 창조를 통해 지속 성장
- ㉢ 사회적 가치 : 인류의 더 나은 미래를 건설

③ 전략방향 ··· 저탄소 체제, 친환경 미래제품, 원가경쟁력, DX, 기술(R&D), Bloc化, 해외성장, ESG경영, 인적경쟁력

(2) 포스코그룹 비전

포스코는 '더불어 함께 발전하는 기업시민' 경영이념 아래에 끊임없이 변화하고 혁신하여 더 큰 기업가치를 창출합니다.

① 포스코 경영이념 ··· 더불어 함께 발전하는 기업시민 포스코는 '더불어 함께 발전하는 기업시민'을 추구합니다. 포스코 스스로가 사회 구성원의 일원이 되어 임직원, 주주, 고객, 공급사, 협력사, 지역사회 등 여러 이해관계자와 더불어 함께 발전하고 배려와 공존, 공생의 가치를 함께 추구해 나갑니다.

② 경영비전 ··· With POSCO 더불어 함께 발전하는 기업시민 의미를 담고 있는 With의 의미를 시각적으로 전달하기 위해 W는 두 사람이 손을 맞잡고 있는 모습을 이미지화해 공감적 어울림이 꾸준히 지속됨을 표현하였습니다. 따뜻한 오렌지색은 함께 발전하는 긍정 에너지를 담았습니다.

③ 활동영역

Business	Society	People
Biz 파트너 (협력사 · 고객사 · 공급사)	사회공동체 · 개인 (지역사회 · 주변이웃)	포스코그룹 임직원
• 공정 · 투명 · 윤리실천 • 동반성장 • 최고의 제품 · 서비스	• 사회문제 공감 · 해결기여 • 지역사회 발전 · 환경경영 • 나눔활동 참여	• 안전하고 쾌적한 근무환경 조성 • 공정 인사 · 안정적 노사관계 • 다양성 포용 · 일과 삶의 균형

　비즈니스 파트너와 함께 Win-Win 할 수 있는 공생가치를 창출하여 강건한 산업생태계를 조성하고, 사회공동체의 일원으로 경제적 이윤 창출을 넘어 사회문제 해결에 적극적으로 동참하며, 신뢰와 창의의 조직문화로 임직원이 보람과 행복을 느끼는 회사를 만들어갑니다.

④ **인재상** … 실천의식과 배려의 마인드를 갖춘 창의적 인재로 기업시민 포스코그룹의 구성원인 임직원은 '실천'의식을 바탕으로 남보다 앞서 솔선하고, 겸손과 존중의 마인드로 '배려'할 줄 알며, 본연의 업무에 몰입하여 새로운 아이디어를 적용하는 '창의'적 인재를 지향합니다.

⑤ **행동강령** … 실질(형식보다 실질 우선), 실행(보고보다 실행 중시), 실리(명분보다 실리 추구)로 포스코그룹은 실질을 우선하고 실행을 중시하며 실리를 추구해 나가는 가치를 실천해 나갑니다. 형식보다는 실질을 우선하고, 보고보다는 실행을 중시하고, 명분보다는 실리를 추구함으로써 가치경영, 상생경영, 혁신경영을 실현해 나갑니다.

⑥ **핵심가치** … 안전, 상생, 윤리, 창의

안전	인간존중을 우선으로 직책보임자부터 솔선수범하여 실천우선의 안전행동을 체질화하는 것입니다.
상생	배려와 나눔을 실천하고 공생발전을 추구하며, 사회적 가치창출을 통하여 함께 지속성장하는 것입니다.
윤리	사회 구성원 간 상호신뢰를 기반하여 정도를 추구하고 신상필벌의 원칙을 지키는 것입니다.
창의	열린사고로 개방적인 협력을 통하여 문제를 주도적으로 해결하는 것입니다.

⑦ 포스코 경영이념 체계도

경영이념	더불어 함께 발전하는 기업시민		
경영비전	With POSCO		
활동영역	Business	Society	People
	Biz 파트너 (협력사 · 고객사 · 공급사)	사회공동체 · 개인 (지역사회 · 주변이웃)	포스코그룹 임직원
	• 공정 · 투명 · 윤리실천 • 동반성장 • 최고의 제품 · 서비스	• 사회문제 공감 · 해결기여 • 지역사회 발전 · 환경경영 • 나눔활동 참여	• 안전하고 쾌적한 근무환경 조성 • 공정 인사 · 안정적 노사관계 • 다양성 포용 · 일과 삶의 균형
인재상	실천의식과 배려의 마인드를 갖춘 창의적 인재		
행동강령	실질	실행	실리
핵심가치	안전	상생	윤리	창의

CHAPTER
02

채용안내

① 서류전형 ··· 서류전형에서는 입사지원서 및 자기소개서에 기재된 내용을 바탕으로 지원자격 충족여부를 확인하고 지원자의 기본역량, 직무 전문성, 향후 성장성 등을 종합적으로 평가합니다.

② 인적성검사(POSCO Aptitude Test) ··· 인적성검사(PAT)는 객관적이고 공정한 채용전형 진행을 위한 절차로써, 언어/수리/추리 등 직무기초 역량을 평가하는 적성검사와 성격/행동특성을 통해 포스코그룹 인재상 부합여부를 판단하는 인성검사로 구분됩니다.

　㉠ 경영엔지니어직군

영역	내용	문항	시간
언어이해	주제/맥락 이해, 언어추리, 문서작성, 언어구사 등	15문항	15분
자료해석	기초연산, 도표/수리자료 이해 및 분석, 수리적 자료 작성 등	15문항	15분
문제해결	대안탐색 및 선택, 의사결정, 자원관리 등	15문항	15분
추리	유추/추론능력, 수열추리 등	15문항	15분

　㉡ 생산기술직군

영역	내용	문항	시간
적성검사	생산직 직무 수행에 있어 요구되는 기초역량을 확인합니다. 영역 : 언어, 수리, 공간지각, 문제해결, 집중력 등	100문항	70분
상식검사	영역 : 한국사, 과학, 회사현황 등	25문항	30분

③ 1차 면접(직무역량평가) ··· 포스코그룹의 1차면접은 '인성/직무/분석발표 면접' 등 다양한 형태로 운영되며, 지원자의 직무역량을 집중적으로 평가하는 단계입니다.

　특히 구조적 선발기법을 활용, 정해진 평가기준과 절차에 따라 다양한 면접을 체계적으로 운영함으로써 평가자간 차이를 최소화하고 목적에 적합한 인재를 선발하는데 초점을 두고 있습니다.

④ 2차 면접(가치적합성평가) ··· 입사 최종관문인 2차면접은 포스코그룹이 추구하는 인재상에 얼마나 부합한지를 확인하는 가치적합성 평가 단계입니다. 본 단계에서는 지원자가 입사지원서에 작성한 내용을 바탕으로 성장과정, 직무전문성, 가치관, 직업관 등 다양한 주제의 질의응답이 이루어지며 도전정신, 창의력, 조직적응성, 윤리성 등을 종합적으로 평가하게 됩니다.

PART

02

적성검사

언어이해

┃1~5 ┃ 제시된 문장이 모두 '참'이라고 할 때, 항상 '참'인 문장을 고르시오.

1

> • 민규는 지선이보다 포인트가 높다.
> • 지선이는 상훈이와 포인트가 같다.
> • 상훈이는 미성이보다 포인트가 적다.

① 미정이는 지선이보다 포인트가 높다.
② 민규는 미정이보다 포인트가 높다.
③ 포인트가 가장 높은 사람은 민규이다.
④ 포인트가 가장 높은 사람은 미정이다.

> ✔**해설** 미정이는 상훈보다 포인트가 높고, 지선이와 상훈이의 포인트는 같으므로 미정이는 지선이보다 포인트가 높다.

2

> • 그림을 잘 그리는 사람은 IQ가 높고, 상상력이 풍부하다.
> • 키가 작은 사람은 IQ가 높다.
> • 노래를 잘하는 사람은 그림을 잘 그린다.

① 상상력이 풍부하지 않은 사람은 노래를 잘하지 않는다.
② 그림을 잘 그리는 사람은 노래를 잘한다.
③ 키가 작은 사람은 상상력이 풍부하지 않다.
④ 그림을 잘 그리는 사람은 키가 크다.

> ✔**해설** ㉠ 상상력이 풍부하지 않은 사람은 그림을 잘 그리는 사람이 아니다(첫 번째 전제의 대우).
> ㉡ 그림을 잘 그리는 사람이 아니면 노래를 잘하지 않는다(세 번째 전제의 대우).
> ㉢ 따라서 상상력이 풍부하지 않은 사람은 노래를 잘하지 않는다.

3

> • 회사에 가장 일찍 출근하는 사람은 부지런하다.
> • 여행을 갈 수 있는 사람은 명진이와 소희다.
> • 부지런한 사람은 특별 보너스를 받을 것이다.
> • 특별 보너스를 받지 못하면 여행을 갈 수 없다.

① 회사에 가장 늦게 출근하는 사람은 게으르다.

② 특별 보너스를 받는 방법은 여러 가지이다.

③ 회사에 가장 일찍 출근하지 않으면 특별 보너스를 받을 수 없다.

④ 소희는 부지런하다.

> ✔해설 먼저, 회사에 가장 일찍 출근하는 사람은 부지런한 사람이고 부지런한 사람은 특별 보너스를 받을 것
> 이다.
> 그리고 여행을 갈 수 있는 사람은 특별 보너스를 받은 사람이다.
> 그런데 여행을 갈 수 있는 사람이 명진이와 소희 두 명이므로, 회사에 가장 일찍 출근하는 것 말고 특
> 별 보너스를 받을 수 있는 방법이 또 있다는 것을 알 수 있다.

4

> • 영수는 철수보다 키가 크다.
> • 수현이는 지현이보다 키가 크다.
> • 준희는 준수보다 키가 작다.
> • 준희는 수현이와 키가 같다.

① 영수는 준희와 키가 같다.

② 준수는 지현이보다 키가 크다.

③ 철수는 준희보다 키가 작다.

④ 준수와 수현이의 키는 비교할 수 없다.

> ✔해설 영수와 철수는 둘 사이만 비교가 가능하며, 다른 이들과 비교할 수 없다. 간략하게 나타내면 다음과
> 같다.
> 첫 번째 조건에 의해: 영수>철수
> 나머지 조건에 의해: 준수>준희=수현>지현

5

> - A는 B의 딸이다.
> - F는 G의 친손녀이다.
> - C는 A와 D의 아들이다.
> - E와 G는 부부이다.
> - E는 D의 엄마이다.

① B는 C의 외할머니이다.

② F와 C는 남매이다.

③ B와 E는 사돈지간이다.

④ D의 성별은 여자이다.

✔해설 주어진 관계를 C를 중심으로 정리하면, A는 엄마, D는 아빠, E는 친할머니, G는 친할아버지, B는 외조부모이지만 성별을 알 수 없다. 또한 F가 G의 친손녀라는 전제만으로는 F와 C가 남매인지 사촌지간인지 알 수 없다.

6 각각 다른 지역에서 모인 갑, 을, 병, 정, 무 5명은 자신들이 거주하는 지역의 교통비에 대해서 다음 〈보기〉와 같이 말했고, 4명은 진실을, 나머지 1명은 거짓말을 하였다. 다음의 주장을 근거로 거짓말을 하지 않았다고 확신할 수 있는 사람은 누구인가? (교통비가 동일한 지역은 없다고 가정한다.)

> 〈보기〉
> - 갑 : "을이 사는 지역은 병이 사는 지역보다 교통비가 비싸다."
> - 을 : "갑이 사는 지역은 정이 사는 지역보다 교통비가 비싸다."
> - 병 : "무가 사는 지역은 갑이 사는 지역보다 교통비가 비싸다."
> - 정 : "병이 사는 지역은 무가 사는 지역보다 교통비가 비싸다."
> - 무 : "을이 사는 지역은 정이 사는 지역보다 교통비가 비싸다."

① 을

② 병

③ 정

④ 무

✔해설 5명이 말한 내용을 근거로 교통비의 순위를 적어 보면 '을 지역〉병 지역〉무 지역〉갑 지역〉정 지역'의 순이다. 순위가 가장 멀리 떨어진 을과 정의 대소 관계를 언급한 '무'의 말을 거짓이라고 가정해 보는 것이 빠른 문제풀이 방법이 될 수 있다. 다른 사람들은 모두 연이은 사람의 순위를 언급하고 있으므로 그들의 말이 거짓일 경우, 두 사람의 순위만 바뀌면 다른 모순점이 없게 되므로 거짓을 말하고 있어도 논리 관계에 모순을 일으키지 않게 되어 거짓인지 아닌지 확신할 수 없다. 그러나 '무'의 말이 거짓이라면 가장 큰 순위와 가장 작은 순위가 달라지기 때문에 나머지 중간에 있는 순위들 모두에 영향을 주어 '무'의 말은 거짓이 될 수 없다. 따라서 가장 큰 순위와 가장 작은 순위를 규정한 '무'의 말은 적어도 진실이라고 확신할 수 있다.

7 겨울을 맞이하여 다양한 선물을 준비하였다. 선물의 종류는 목도리, 모자, 장갑이며 색은 빨강과 노랑 두 가지이다. 선물을 받은 사람들이 기념으로 모두 받은 선물들을 입고 모였을 때 다음과 같았을 때, 장갑만 빨간 사람은 몇 명인가? (단, 인원은 모두 14명)

- 조건1 : 모자, 목도리, 장갑 중 1가지만 빨간색을 몸에 걸친 사람은 9명이다.
- 조건2 : 모자와 장갑은 다른 색이다.
- 조건3 : 빨간색 목도리와 빨간색 장갑의 사람 수와 노란색 목도리와 노란색 장갑의 사람 수의 합은 8이다.
- 조건4 : 빨간색 모자를 쓰고 있는 사람은 7명이다.

---

① 1명   ② 4명

③ 7명   ④ 8명

✔ **해설** • 제외되는 4가지 조건(조건 2에 위배)
  - 모자 : 노란색, 목도리 : 노란색, 장갑 : 노란색
  - 모자 : 노란색, 목도리 : 빨간색, 장갑 : 노란색
  - 모자 : 빨간색, 목도리 : 노란색, 장갑 : 빨간색
  - 모자 : 빨간색, 목도리 : 빨간색, 장갑 : 빨간색
- 찾을 수 있는 4가지 조건
  - 모자 : 노란색, 목도리 : 노란색, 장갑 : 빨간색 … ①
  - 모자 : 빨간색, 목도리 : 노란색, 장갑 : 노란색 … ②
  - 모자 : 노란색, 목도리 : 빨간색, 장갑 : 빨간색 … ③
  - 모자 : 빨간색, 목도리 : 빨간색, 장갑 : 노란색 … ④
- 총인원은 14명이므로 ①+②+③+④ = 14명
- 조건1에 따라 ①+② = 9
- 조건3에 따라 ②+③ = 8
- 조건4에 따라 ②+④ = 7
∴ 장갑만 빨간 사람은 총 4명이 된다.

Answer　5.③　6.④　7.②

8 엘사, 안나, 올라프, 스벤 네 사람은 함께 파티에 참석하기로 했다. 모자, 옷, 신발을 빨간색, 파란색, 노란색, 검은색 색깔별로 총 12개의 물품을 공동으로 구입하여, 각 사람은 각각 다른 색의 모자, 옷, 신발을 하나씩 빠짐없이 착용하기로 했다. 예를 들어 어떤 사람이 빨간 모자, 파란 옷을 착용한다면, 신발은 노란색 또는 검은색으로 착용해야 한다. 이 조건에 따를 때, 반드시 참이 되는 것은?

> • 선호하는 것을 배정받고, 싫어하는 것은 배정받지 않는다.
> • 엘사는 빨간색 옷을 선호하고, 파란색 신발을 싫어한다.
> • 안나는 노란색 옷을 싫어하고, 검은색 신발을 선호한다.
> • 올라프는 검은색 옷을 싫어한다.
> • 스벤은 빨간색을 싫어한다.

① 엘사는 검은 모자를 배정받는다.

② 안나는 노란 모자를 배정받는다.

③ 올라프는 파란 신발을 배정받는다.

④ 스벤은 검은 옷을 배정받는다.

✔ **해설** • 주어진 조건을 도식화 하면 다음과 같다.

	엘사	안나	올라프	스벤
모자				빨×
옷	빨	노×	검×(노∨파)	빨×(파∨노∨검)
신발	파×	검		빨×

• 이때 안나의 옷 색깔은 엘사가 빨간색을 하고 있기 때문에 제외하고, 신발이 검은색이기 때문에 검은색도 안 된다. 따라서 안나의 옷은 파란색이 된다. 안나가 파란색 옷이므로 올라프는 노란색이, 스벤은 검은색이 된다. 이를 적용하면 다음과 같다.

	엘사	안나	올라프	스벤
모자				빨×
옷	빨	파	노	검
신발	파×	검		빨×

- 엘사의 신발은 안나가 검은색이기 때문에 노란색이 된다. 이 경우 스벤은 파란색이 된다. 따라서 남은 올라프의 신발은 빨간색이 된다. 그리고 스벤의 모자는 옷과 신발, 빨간색을 싫어하는 조건을 고려하여 노란색임을 찾을 수 있다. 이를 적용하면 다음과 같다.

	엘사	안나	올라프	스벤
모자				노
옷	빨	파	노	검
신발	노	검	빨	파

- 안나는 옷과 신발, 스벤의 모자가 노란색인 조건을 고려하여 모자가 빨간색임을 알 수 있고, 엘사와 올라프는 두 가지의 경우가 발생함을 알 수 있다. 이를 토대로 도식화된 표를 완성하면 다음과 같다.

	엘사	안나	올라프	스벤
모자	파∨검	빨	검∨파	노
옷	빨	파	노	검
신발	노	검	빨	파

9 어느 학급의 환경미화를 위해 환경미화위원을 뽑는데 갑수, 을숙, 병식, 정연, 무남, 기은이가 후보로 올라왔다. 다음과 같은 조건에 따라 환경미화위원이 될 때, 을숙이가 위원이 되지 않았다면 반드시 환경미화위원이 되는 사람은?

> ㉠ 만약 갑수가 위원이 된다면, 을숙이와 병식이도 위원이 되어야 한다.
> ㉡ 만약 갑수가 위원이 되지 않는다면, 정연이가 위원이 되어야 한다.
> ㉢ 만약 을숙이가 위원이 되지 않는다면, 병식이나 무남이가 위원이 되어야 한다.
> ㉣ 만약 병식이와 무남이가 함께 위원이 되면, 정연이는 위원이 되어서는 안 된다.
> ㉤ 만약 정연이나 무남이가 위원이 되면, 기은이도 위원이 되어야 한다.

① 병식, 정연   ② 정연, 무남

③ 병식, 무남   ④ 정연, 기은

✔해설 ㉠에 따라 갑수가 위원이 된다면, 을숙이도 위원이 되어야 하는데 을숙이는 위원이 아니므로 갑수는 위원이 될 수 없다.
㉡의 전제에 따라 정연이는 환경미화위원이 된다.
㉢에 따라 병식이나 무남이 둘 중 한명은 반드시 위원이 된다.
㉣에 따르면 병식이와 무남이가 함께 위원이 되면 정연이는 위원이 되어서는 안 되는데, ㉡에서 이미 정연이는 위원이 되었으므로 병식이와 무남이가 둘이 함께 위원이 될 수 없다.
㉤에 따라 정연이가 위원이므로 무남이가 위원이든 아니든 기은이는 위원이 된다.
∴ 반드시 위원이 되는 학생은 정연이와 기은이며, 병식이와 무남이 둘 중 한명은 위원이고 한명은 위원이 아니지만 누구인지 알 수 없다.

10 유치원생들을 대상으로 좋아하는 과일에 대해서 조사한 결과 다음과 같은 자료를 얻었다. 다음 중 유치원생인 지민이가 한라봉을 좋아한다는 결론을 이끌어낼 수 있는 것은 무엇인가?

> ㉠ 귤과 레몬을 모두 좋아하는 유치원생은 한라봉도 좋아한다.
> ㉡ 오렌지와 자몽을 모두 좋아하는 유치원생은 한라봉도 좋아한다.
> ㉢ 유치원생들은 모두 금귤이나 라임 중 하나를 반드시 좋아한다.
> ㉣ 라임을 좋아하는 유치원생은 레몬을 좋아한다.
> ㉤ 금귤을 좋아하는 유치원생은 오렌지를 좋아한다.

① 지민이는 귤과 자몽을 좋아한다.

② 지민이는 오렌지와 레몬을 좋아한다.

③ 지민이는 귤과 오렌지를 좋아한다.

④ 지민이는 금귤과 라임을 좋아한다.

✔해설 ㉢에 의해 유치원생들은 모두 금귤이나 라임 중 하나를 반드시 좋아하므로 ㉣㉤에 따라 유치원생은 모두 레몬이나 오렌지 중 하나를 반드시 좋아한다. 따라서 지민이가 귤과 자몽을 좋아하면 지민이는 귤과 레몬을 모두 좋아하거나, 오렌지와 자몽을 모두 좋아하게 되므로 지민이는 한라봉을 좋아한다는 결과를 도출해낼 수 있다.

11 다음 글의 핵심 내용으로 가장 적절한 것을 고르시오.

> 대화는 일반적이고 보편적인 방향으로 나아가기 위한 것이다. 사회의 동인은 대부분 각 주체의 고유 관심사이다. 이 같은 힘에 관심을 가진 주체로서 자신을 인식하고, 자신을 타인에게 열고, 타인과 나의 관심사를 조정하는 것은 중요한 일이다. 대화는 이러한 조정과 긴밀성이 있으며, 이러한 대화 원리의 하나가 공정성이다. 공정성은 자신과 타인의 관계 속에서 작동하기 때문에, 실천적 의미에서 일반성이다. 무엇보다 공정성은 학문적 행위에서도 중요한 요소다.
>
> 이전에 수행한 연구논문 뿐만 아니라, 연구 대상에 대해서도 공정성이 요구된다. 더욱 자의적으로 믿고 이해하여 상대방 혹은 상대의 연구를 오해하고 있지는 않은지 살펴야 한다. 그리고 또 다른 원리는 창조성이다. 학문은 새로운 독창성을 요구받고 요구한다. 새로운 인식과 관계의 방향과 자세의 바람직성이 반드시 창조되어야 한다.

① 사회를 움직이는 힘과 원리는 사회 구성원의 주요 관심사다.
② 학술적 의사소통의 기본 요소는 공정성과 창조성이다.
③ 학문 연구는 공정성에 대한 감각을 끊임없이 요구한다.
④ 공정성과 창조성은 보편적인 방향으로 대화를 이끌어 가는 기본 원리이다.

✔해설 첫 문단은 대화의 원리 중 하나인 공정성에 대해 언급하며 말미에서 '무엇보다 공정성은 학문적 행위에서도 중요한 요소'라고 강조하고 있다. 두 번째 문단에서는 공정성과 함께 학문적 행위에서 중요한 또 다른 원리인 창조성에 대해 서술한다. 따라서 이 글의 핵심 내용으로는 ② '학술적 의사소통의 기본 요소는 공정성과 창조성이다.'가 가장 적절하다.

Answer   9.④ 10.① 11.②

12 다음 글에 대한 반응으로 가장 적절하지 않은 것을 고르시오.

지식재산기본법에 따른 지적재산권은 법령이나 조약 등에 따라서 인정되거나 보호하게 되는 지식재산에 관한 권리를 말한다. 지적재산권의 종류와 유형은 크게 산업재산권과 저작권, 신지식재산권 등 세 가지로 구분할 수 있다. 먼저 산업재산권은 산업상 이용가치를 갖게 되는 발명 등과 관련된 권리, 곧 산업상 보호가치가 있는 권리를 모두 포함해서 말한다. 이러한 산업재산권은 특허청에 등록함으로써 취득되며 특허법에 따라 선출원주의의 적용을 받는다.

다음으로 저작권은 인간의 사상이나 감정을 표현한 창작물인 저작물에 대한 배타적이고 독점적인 권리이다. 여기에는 소설, 시, 논문, 강연, 연술, 각본, 음악, 연극, 무용, 회화, 서예, 도안, 조각, 공예, 건축물, 사진, 영상, 도형, 컴퓨터 프로그램 등이 포함된다. 마지막으로 신지식재산권은 특허권이나 저작권 등의 전통적 지식재산권 범주로 보호하기 어려운 컴퓨터 프로그램, 유전자조작동식물, 반도체 설계, 인터넷, 캐릭터산업등과 관련된 지적재산권을 아우르는 권리이다.

---

① 영희 : 시나 소설의 일부를 표절하는 것은 저작권법에 위배되는 거야.

② 철수 : 출판한 작품이 표절시비에 휘말린 경우 해당 출판사는 법적 처벌을 피할 수 없어.

③ 나래 : 음원이나 영화를 무단으로 다운로드하는 것은 불법이야.

④ 유정 : 내가 좋아하는 캐릭터 상품이 불법 유통되지 않도록 특허청에 등록해야겠어.

✔ **해설** ④ 캐릭터산업과 관련된 지적재산권을 아우르는 권리는 신지식재산권이다. 특허청에 등록함으로써 취득되는 것은 산업재산권이다.

13 다음 글에 대한 이해로 적절하지 않은 것은?

우리나라 식생활에서 특이한 것은 숟가락과 젓가락을 모두 사용한다는 점이다. 오늘날 전 세계에서 맨손으로 음식을 먹는 인구가 약 40%, 나이프와 포크로 먹는 인구가 약 30%, 젓가락을 사용하는 인구가 약 30%라 한다.

그러나 처음에는 어느 민족이나 모두 음식을 손으로 집어 먹었다. 유럽도 마찬가지였다. 동로마 제국의 비잔티움에서 10세기경부터 식탁에 등장한 포크는 16세기에 이탈리아 상류 사회로 전해져 17세기 서유럽의 식생활에 상당한 변화를 일으켰으나, 신분이나 지역에 관계없이 전 유럽에 보편화된 것은 18세기에 이르러서였다. 15세기의 예절서에 음식 먹는 손의 반대편 손으로 코를 풀라고 했던 것이나, 16세기의 사상가 몽테뉴가 너무 급하게 먹다가 종종 손가락을 깨물었다는 기록으로도 당시에 포크가 아니라 손가락을 사용하였음을 알 수 있다.

그러나 동아시아 지역에서는 손으로 음식을 먹는 일이 서양보다 훨씬 일찍 사라졌다. 손 대신에 숟가락을 쓰기 시작했고, 이어서 젓가락을 만들어 숟가락과 함께 썼던 것이다. 그런데 우리나라 고려 후기를 즈음해서 중국과 일본에서는 숟가락을 쓰지 않고 젓가락만 쓰기 시작했다.

우리는 숟가락을 사용하고 있을 뿐 아니라, 지금도 숟가락을 밥상 위에 내려놓는 것으로 식사를 마쳤음을 나타낼 정도로 숟가락은 식사 자체를 의미하였다. 유독 우리나라에서만 숟가락이 사라지지 않은 것은 음식에 물기가 많고 또 언제나 밥상에 오르는 국이 있었기 때문인 듯하다.

우리의 국은 국물을 마시는 것도 있으나 대개는 건더기가 많고 밥을 말아 먹는 국이다. 미역국, 된장국, 해장국 등 거의 모든 국이 그러하다. 찌개류나 '물 만 밥'도 숟가락이 필요한 음식이다. 게다가 고려 후기에는 몽고풍의 요리가 전해져 고기를 물에 넣고 삶아 그 우러난 국물과 고기를 함께 먹는 지금의 설렁탕, 곰탕이 생겨났다. 특히 국밥은 애초부터 밥을 국에 말아 놓은 것인데 이런 식생활 풍습은 전 세계에 유일한 것이라고 한다.

① 설렁탕이나 곰탕은 몽고풍의 요리에서 유래되었다.
② 이탈리아에서 포크를 먼저 사용했던 계층은 상류층이었다.
③ 중국과 일본에서는 숟가락과 젓가락을 모두 사용하던 시기가 있었다.
④ 동아시아 지역에서는 숟가락보다 젓가락을 먼저 사용하기 시작했다.

✔해설 ④ 세 번째 문단을 보면 동아시아 지역에서는 손 대신에 숟가락을 쓰기 시작했고, 이어서 젓가락을 만들어 숟가락과 함께 썼다고 언급하고 있다. 즉, 젓가락보다 숟가락을 먼저 사용하기 시작하였다.

14 다음 글에서 답을 확인하기 어려운 질문은?

전 지구적인 해수의 연직 순환은 해수의 밀도 차이에 의해 발생한다. 바닷물은 온도가 낮고 염분 농도가 높아질수록 밀도가 높아져 아래로 가라앉는다. 이 때문에 북대서양의 차갑고 염분 농도가 높은 바닷물은 심층수를 이루며 적도로 천천히 이동한다.

그런데 지구 온난화로 인해 북반구의 고위도 지역의 강수량이 증가하고 극지방의 빙하가 녹은 물이 대량으로 바다에 유입되면 어떻게 될까? 북대서양의 염분 농도가 감소하여 바닷물이 가라앉지 못하는 일이 벌어질 수 있다. 과학자들은 컴퓨터 시뮬레이션을 통해 차가운 북대서양 바닷물에 빙하가 녹은 물이 초당 십만 톤 이상 들어오면 전 지구적인 해수의 연직 순환이 느려져 지구의 기후가 변화한다는 사실을 알아냈다.

더 나아가 과학자들은 유공충 화석을 통해서 이러한 시뮬레이션 결과를 입증하는 실제 증거를 찾을 수 있었다. 바다 퇴적물에는 유공충 화석이 들어 있는데, 이 화석의 껍질에는 유공충이 살았던 당시 바닷물의 상태를 보여 주는 물질이 포함되어 있다. 이를 분석해 보면 과거에 북대서양의 바닷물이 얼마나 깊이 가라앉았는지, 얼마나 멀리 퍼져 나갔는지를 알 수 있다. 이로써 과학자들은 그동안 전 지구적인 해수의 연직 순환이 느려지거나 빨라지는 일이 여러 차례 일어났다는 것을 알아냈다. 또 신드리아스 기(약 13,000년 전에 있었던 혹한기)의 원인이 전 지구적인 해수의 연직 순환 이상이었음을 알아냈다.

우려할 만한 일은 최근 수십 년 동안 지구 온난화로 인해 북대서양 극지방 바닷물의 염분 농도가 낮아지고 있다는 것이다. 특히 지난 10년 동안 염분 농도가 많이 낮아졌다고 한다.

① 지구 온난화가 발생하는 원인은?
② 유공충의 화석을 탐구한 이유는?
③ 신드리아스 기가 생기게 된 원인은?
④ 바닷물의 밀도에 영향을 주는 것은?

✔해설 제시된 글에서 지구 온난화가 발생하는 원인에 대한 답은 확인할 수 없다.
　② 과학자들은 유공충 화석을 통해서 차가운 북대서양 바닷물에 빙하가 녹은 물이 초당 십만 톤 이상 들어오면 전 지구적인 해수의 연직 순환이 느려져 지구의 기후가 변화한다는 컴퓨터 시뮬레이션 결과를 입증하는 실제 증거를 찾을 수 있었다.
　③ 신드리아스 기의 원인은 전 지구적인 해수의 연직 순환 이상이었다.
　④ 지구 온난화로 인해 북반구의 고위도 지역의 강수량이 증가하고 극지방의 빙하가 녹은 물이 대량으로 바다에 유입되면 바닷물의 밀도에 영향을 준다.

15 다음 강연에 대한 설명으로 가장 적절한 것은?

> 안녕하세요. 야생조류보호협회의 ○○○입니다.
>
> 여러분, 혹시 걷다가 유리문에 부딪친 적 있나요? (대답을 듣고) 네, 몇몇 학생들이 경험했군요. 꽤 아팠죠? 그런데 사람보다 훨씬 빠른 야생 조류가 유리창에 부딪치면 어떻게 될까요? □□연구소에서 발간한 안내서에 따르면 유리창 충돌이 야생 조류가 사고로 죽는 원인 중 2위에 해당한다고 합니다.
>
> 야생 조류는 왜 유리창에 잘 부딪치는 걸까요? (자료 제시) 보시는 것처럼 사람은 양쪽 눈의 시야가 겹치는 범위가 넓어서 전방에 있는 사물을 잘 인식하지만, 대부분의 야생 조류는 눈이 머리 측면에 있어서 양쪽 눈의 시야가 겹치는 범위가 좁습니다. 이 때문에 전방 인지 능력이 떨어지므로 유리창을 인식하지 못해서 부딪치는 경우가 많은 거죠.
>
> 그렇다면, 야생 조류가 유리창에 부딪치지 않도록 도울 방법이 없을까요? □□연구소의 안내서에는 그물망 설치나 줄 늘어뜨리기 등의 방법이 소개돼 있습니다. 그중 자외선 반사 테이프를 붙이는 것은 건물의 미관을 해치지 않으면서도 효과를 볼 수 있는 방법입니다. 사람은 자외선을 볼 수 없다고 과학 시간에 배웠죠? (대답을 듣고) 다들 잘 알고 있군요. (자료 제시) 보시는 것처럼 대부분의 야생 조류는 사람과 달리 우리가 보는 색뿐만 아니라 자외선도 볼 수 있습니다. 이를 이용한 것이 바로 자외선 반사 테이프입니다. 이 테이프를 유리창에 붙이면 야생 조류가 테이프에서 반사된 자외선을 보고 그곳에 장애물이 있다고 인식할 수 있지요. 그러면 얼마나 효과가 있을까요? 테이프 부착 전후를 비교한 결과, (자료 제시) 보시는 것처럼 부착 후 야생 조류의 유리창 충돌이 크게 줄었습니다.
>
> 야생 조류의 유리창 충돌 사고는 우리 주변에서 계속 일어나고 있습니다. 여러분의 작은 관심이 야생 조류의 유리창 충돌을 줄이는 데 큰 힘이 됩니다. 제가 안내한 방법 중에는 여러분이 집에서 활용할 수 있는 것도 있으니 가능한 방법을 찾아 실천해 보세요. 이상으로 강연을 마치겠습니다.

① 강연에서 제시된 용어를 정의하여 청중의 이해를 돕고 있다.

② 청중의 응답을 이끌어 내고 반응을 확인하여 청중과 상호 작용하고 있다.

③ 청중의 배경지식이 잘못되었음을 지적하여 청중의 주의를 환기하고 있다.

④ 강연의 앞부분에서 강연 내용의 순서를 제시하여 청중들이 내용을 예측하며 듣게 하고 있다.

✔ 해설 ② 청중에게 질문을 한 후 대답을 듣고 그에 따라 반응하면서 상호 작용을 통해 강연을 이끌어 가고 있다.

16 빅데이터에 대한 이해로 적절하지 않은 것은?

> 빅데이터는 그 규모가 매우 큰 데이터를 말하는데, 이는 단순히 데이터의 양이 매우 많다는 것일 뿐 아니라 데이터의 복잡성이 매우 높다는 의미도 내포되어 있다. 데이터의 복잡성이 높다는 말은 데이터의 구성 항목이 많고 그 항목들의 연결 고리가 함께 수록되어 있다는 것을 의미한다. 데이터의 복잡성이 높으면 다양한 파생 정보를 끌어낼 수 있다. 데이터로부터 정보를 추출할 때에는, 구성 항목을 독립적으로 이용하기도 하고, 두 개 이상의 항목들의 연관성을 이용하기도 한다. 일반적으로 구성 항목이 많은 데이터는 한 번에 얻기 어렵다. 이런 경우에는, 따로 수집되었지만 연결 고리가 있는 여러 종류의 데이터들을 연결하여 사용한다.
>
> 가령 한 집단의 구성원의 몸무게와 키의 데이터가 있다면, 각 항목에 대한 구성원의 평균 몸무게, 평균 키 등의 정보뿐만 아니라 몸무게와 기의 관계를 이용해 평균 비만도 같은 파생 정보도 얻을 수 있다. 이때는 반드시 몸무게와 키의 값이 동일인의 것이어야 하는 연결 고리가 있어야 한다. 여기에다 구성원들의 교통 카드 이용 데이터를 따로 얻을 수 있다면, 이것을 교통 카드의 사용자 정보를 이용해 사용자의 몸무게와 키의 데이터를 연결할 수 있다. 이렇게 연결된 데이터 세트를 통해 비만도와 대중교통의 이용 빈도 간의 파생 정보를 추출할 수 있다. 연결할 수 있는 데이터가 많을수록 얻을 수 있는 파생 정보도 늘어난다.

① 빅데이터를 구성하는 데이터의 양은 매우 많다.

② 빅데이터를 구성하는 데이터의 복잡성은 매우 높다.

③ 빅데이터에는 구성 항목들 간의 연결 고리가 함께 포함되어 있다.

④ 빅데이터에서는 파생 정보를 얻을 수 없다.

> ✔ **해설** 빅데이터는 데이터의 양이 매우 많을 뿐 아니라 데이터의 복잡성이 매우 높다. 데이터의 복잡성이 높으면 다양한 파생 정보를 끌어낼 수 있다. 즉, 빅데이터에서는 파생 정보를 얻을 수 있다.

17 다음 글에 대한 이해로 적절하지 않은 것은?

유전자 변형 농작물에 대한 서로 다른 입장이 있다. 하나는 실질적 동등성을 주장하는 입장이고 다른 하나는 사전 예방 원칙을 주장하는 입장이다.

㉠실질적 동등성의 입장에서는 미세 조작으로 종이나 속이 다른 생물의 유전자를 한 생물에 집어 넣어 활동하게 하는 유전자 재조합 방식으로 만들어진 농작물이 기존의 품종 개량 방식인 육종으로 만들어진 농작물과 같다고 본다. 육종은 생물의 암수를 교잡하는 방식으로 품종을 개량하는 것인데, 유전자 재조합은 육종을 단기간에 실시한 것에 불과하다는 것이다. 따라서 육종 농작물이 안전하기 때문에 육종을 단기간에 실시한 유전자 변형 농작물도 안전하며, 그것의 재배와 유통에도 문제가 없다는 것이 그들의 주장이다.

㉡사전 예방 원칙의 입장에서는 유전자 변형 농작물은 유전자 재조합이라는 신기술로 만들어진 완전히 새로운 농작물로 육종 농작물과는 엄연히 다르다고 본다. 육종은 오랜 기간 동안 동종 또는 유사 종 사이의 교배를 통해 이루어지는 데 반해, 유전자 변형은 아주 짧은 기간에 종의 경계를 넘어 유전자를 직접 조작하는 방식으로 이루어지기 때문에 서로 다르다는 것이다. 그리고 안전성에 대한 과학적 증명도 아직 제대로 이루어지지 못했기 때문에 안전성이 증명될 때까지 유전자 변형 농작물의 재배와 유통이 금지되어야 한다고 주장한다.

유전자 변형 농작물이 인류의 식량 문제를 해결해 줄 수도 있다. 그렇지만 그것의 안전성에 대한 의문이 완전히 해소된 것은 아니다. 따라서 유전자 변형 농작물에 대해 관심을 가지고 보다 현실적인 대비책을 고민해야 한다.

① ㉠과 ㉡은 모두 유전자 변형 농작물의 유통을 위해서는 안전성이 확보되어야 한다고 보는군.
② ㉠은 유전자 변형 농작물과 육종 농작물이 모두 안전하다고 생각하는군.
③ ㉠은 인류의 식량 문제 해결을 위한 유전자 변형 농작물 유통에 찬성하겠군.
④ ㉡은 육종 농작물과 유전자 변형 농작물에 유전자 재조합 방식이 적용된다고 주장하고 있군.

✔해설 ④ ㉡은 육종은 오랜 기간 동안 동종 또는 유사 종 사이의 교배를 통해 이루어지는 데 반해, 유전자 변형은 아주 짧은 기간에 종의 경계를 넘어 유전자를 직접 조작하는 방식으로 이루어지기 때문에 서로 다르다고 주장한다. 즉, 유전자 변형 농작물에만 유전자 재조합 방식이 적용된다고 주장하는 것이다.

18 밑줄 친 ⊙을 방지하기 위한 사례로 알맞지 않은 것은?

> 현대인들은 합리적 선택이 반드시 합리적 결과를 가져온다고 믿고 있다. 즉 합리적 선택은 합리적 결과의 필수적인 전제이며 이 전제가 충족될 때 비로소 합리적 결과를 기대할 수 있다고 생각한 것이다. 하지만 합리적 선택이 언제나 합리적 결과를 가져오는 것은 아니다. 때로는 합리적 선택이 역으로 불합리한 결과를 가져올 수도 있는 것이다. 이를 잘 보여주는 것이 ⊙ '목초지의 비극'이다.
>
> 어느 마을에 마을 사람들이 공동으로 사용할 수 있는 목초지가 있고, 여기서 자신들의 소를 자유롭게 방목할 수 있다고 하자. 이럴 경우 사람들은 자신들의 소를 공동 목초지로 끌고 가서 자유롭게 풀을 먹일 것이다. 하지만 목초지가 무한한 것은 아니므로 일정한 한계를 넘으면 황폐화될 수밖에 없다. 따라서 사람들은 공유 자원인 목초지가 황폐화되지 않도록 방목을 조절해야 한다. 하지만 목초지는 공유지이기 때문에 아무런 대가를 지불하지 않고 방복을 할 수 있는 곳이나. 개인의 입장에서 보자면 자신의 소를 더 많이 이끌고 가서 풀을 먹이거나 자신의 소들이 더 많은 풀을 먹도록 하는 것이 유리하다.
>
> 하지만 모든 개인이 이와 같이 자신들의 이익을 추구할 경우 목초지는 결국 황폐화되고 누구도 소를 방목할 수 없게 될 것이다. 이와 같은 사례는 개인의 이익을 추구하는 개인적 합리성이 공동체 전체의 합리성과 일치하지 않기 때문에 발생하는 문제다.

① 승용차 요일제를 실시하여 승용차의 도로 통행량을 제한한다.

② 이산화탄소 배출을 막기 위해 이산화탄소 배출권 거래제를 시행한다.

③ 아파트 주민들이 황사를 막기 위해 아파트 주변에 공동으로 나무를 심는다.

④ 음식물 쓰레기 종량제를 시행하여 가정과 업소의 음식물 쓰레기 양을 줄인다.

> ✔해설 '목초지의 비극'이란 결국 개인적 합리성의 추구가 사회적 합리성을 저해하는 경우를 말한다.
> ③ '황사현상'은 개인의 이익을 추구하는 과정에서 발생한 것이 아니라 외부적인 환경으로 인해 공동체 모두가 피해를 입는 경우에 해당하므로 '목초지의 비극'과는 성격이 다른 것이다.
> ①②④ 모두 사적 이익의 추구를 제한하여 공동체의 이익을 도모하는 방안에 해당한다.

19 다음 중 내용 전개상 단락 배열이 가장 적절한 것은?

(가) 이렇게 음악에서 지시하는 내용이나 감정이 없어지자 연주자는 작품을 구성하는 형식에 의한 아름다움의 의미들을 재구성하여 표현하려 했고, 이에 따라 연주는 해석으로 이해되었다. 실례로, 당시 베토벤 교향곡의 관현악 편성을 변형시켜 연주했던 바그너나 말러 등의 연주는 청중들에게 연주자가 해석한 작품을 감상하게 한 것이었다.

(나) 이러한 경향은 점점 더 두드러지고 구체화된다. 음악을 향유하는 사람들이 늘어나고, 음악에 종사하는 사람들이 증가하면서 음악의 전문화 현상이 나타났다. 작곡자와 연주자가 뚜렷하게 분리되었고, 연주자 가운데에서도 장르나 시대 또는 작곡자에 따른 전문영역이 세밀하게 구분되었다. 한 작품에 대해서도 수십 개의 음반이 쏟아져 나오는 상황에서 연주자들은 자신만의 독특한 해석을 통해 다른 연주자와 구별되는 독자성을 강조해야 했다. 이에 따라 연주자는 작품을 보다 더 다양하면서도 주관적으로 해석하게 되었다.

(다) 음악에서 연주라는 개념이 본격적으로 의미를 갖게 된 것은 18세기부터이다. 당시 유행하였던 영향미학에 따라 음악은 '내용'을 가지고 있어야 한다고 생각되었다. 여기서 내용은 누구나 느낄 수 있는 객관적인 감정을 의미했는데, 이 시기의 연주는 그 감정을 청중에게 정확하게 전달하는 것으로 이해되었다. 따라서 작곡자들은 악곡 속에 그 감정들을 담아내었고, 연주자들은 자신의 생각이나 주관을 드러내기보다는 작품이 갖고 있는 감정을 청중에게 정확하게 전달하는 역할을 했다. 즉 연주란 연주자가 소리를 통해 악보를 객관적으로 표현하는 작업을 의미했으며, 당시에 청중들은 연주를 통하여 작곡자가 제시한 감정을 감상하였던 것이다.

(라) 이제 연주에서는 작품 자체의 충실한 해석에 의해 음악적 의미를 재구성했던 때와는 달리, 연주자의 주관적 감정에 의한 해석이 중요한 의미를 갖게 되었다. 그래서 하나의 작품이 연주될 때, 작곡자의 작품은 연주자에 의해 재창조되며, 이때 청중에게 감상은 이중의 의미를 갖게 된 것이다.

(마) 그러나 이러한 연주의 개념은 영향미학이 작품미학으로 전환되면서 바뀌게 된다. 작품 그 자체가 지니는 의미와 가치에 관심을 갖는 작품미학의 영향에 따라 작곡자들은 음악이 내용을 지시하거나 표상하도록 할 필요가 없게 되었고, 오로지 음악 그 자체로서 고유한 가치를 갖는 절대음악을 탄생시켰다. 작곡자들은 어떤 내용이나 감정을 표현하는 대신 동기, 악구, 악절, 주제의 발전과 반복 등을 조화롭게 구성하여 작곡함으로써 형식에 의한 음악의 아름다움을 추구하게 된 것이다.

---

① (가) – (마) – (나) – (다) – (라)   ② (다) – (마) – (가) – (나) – (라)

③ (가) – (나) – (다) – (라) – (마)   ④ (다) – (라) – (마) – (가) – (나)

> ✔해설   (다) 객관적인 감정(내용)을 청중에게 전달하는 영향미학 – (마) 영향미학에서 작품 그 자체가 지니는 의미와 가치에 관심을 갖는 작품미학으로 전환 – (가) 연주를 해석으로 이해하는 작품미학 – (나) 연주자들이 작품을 더 주관적으로 해석하는 경향 – (라) 이중의 의미를 갖게 된 청중의 감상

20 다음 글을 읽고 논리적 흐름에 따라 바르게 배열한 것을 고르시오.

(개) 분명 인간은 의식주라는 생물학적 욕구와 물질적 가치의 추구 외에 정신적 가치들을 추구하며 사는 존재이다. 그렇다고 이것이 그대로 인문학의 가치를 증언하는 것은 아니다. 그 이유는 무엇보다 인문적 활동 자체와 그것에 대한 지식 혹은 인식을 추구하는 인문학은 구별되기 때문이다. 춤을 추고 노래를 부르거나 이야기를 하는 등의 제반 인간적 활동에 대한 연구와 논의를 하는 이차적 활동인 인문학, 특히 현대의 인문학처럼 고도로 추상화된 이론적 논의들이 과연 인간적 삶을 풍요롭게 해주느냐가 문제이다.

(내) 현대 인문학은 대부분 과거의 인문적 활동의 산물을 대상으로 한 역사적 연구에 치중하고 있다. 전통적인 인문학도 역시 과거의 전통과 유산, 특히 고전을 중시하여 그것을 가르치고 연구하는 데 역점을 두었으나 그 교육방법과 태도는 현대의 역사적 연구와는 근본적으로 달랐다. 현대의 역사적 연구는 무엇보다도 연구 대상과의 시간적, 문화적 거리감을 전제로 하여 그것을 명확하게 의식하는 가운데서 이루어진다. 현대의 역사주의는 종교나 철학사상 혹은 문학 등 동서고금의 모든 문화적 현상들을 현재 우리와는 전혀 다른 시대에 산출된 이질적인 것으로 의식하면서 그것들을 우리들의 주관적 편견을 제거한 객관적인 역사적 연구 대상으로 삼는다.

(대) 인문학의 중요성을 강조하는 사람들은 흔히 인간이란 정신적 존재이기 때문에 참다운 인간적 삶을 위해서는 물질적 욕구의 충족을 넘어서 정신적 풍요로움을 누려야 하며 이 때문에 인문학은 필수적이라고 주장한다. 뿐만 아니라 인문학은 인간의 삶에 필수적인 건전한 가치관의 형성에도 중요한 역할을 한다고 주장한다. 그러나 과연 현대 인문학은 이러한 상식적인 주장들을 감당할 수 있을까?

(래) 인문학이 자연과학처럼 객관적 지식을 추구하는 학문이 되면서, 인문학은 인격을 변화시키고 삶의 의미를 제공해 주던 전통적 기능이 상실되고 그 존재 가치를 의심받게 되었다. 학문과 개인적 삶이 확연히 구분되고 인문학자는 더 이상 인문주의자가 될 필요가 없어졌다. 그는 단지 하나의 전문 직업인이 되었다.

---

① (개) - (내) - (대) - (래)

② (개) - (래) - (내) - (대)

③ (내) - (대) - (래) - (개)

④ (대) - (개) - (내) - (래)

✔ 해설   (대): 현대 인문학에 대한 문제 제기
　　　 (개): (대)에서 제기한 문제에 대한 부연 설명
　　　 (내): 전통적인 인문학과 비교했을 때 현대 인문학의 문제점
　　　 (래): 현대 인문학의 전통적 기능 상실 및 존재 가치에 대한 의심

21 다음 글을 읽고 흐름에 따라 논리적으로 바르게 배열한 것을 고르시오.

> (가) 중동이란 단어는 오늘날 학계와 언론계에서 자주 사용되고 있다. 그러나 이 단어의 역사는 그리 길지 않다. 유럽, 특히 영국은 19세기 이래 아시아지역에서 식민정책을 펼치기 위해 전략적으로 이 지역을 근동, 중동, 극동의 세 지역으로 구분했으며, 이후 이러한 구분은 『런던 타임즈』에 기고된 글을 통해 정착되었다. 따라서 이 단어 뒤에는 중동을 타자화한 유럽 중심적인 사고관이 내재되어 있다.
>
> (나) 대부분의 사람들은 '이슬람', '중동', 그리고 '아랍'이라는 지역 개념을 혼용한다. 그러나 엄밀히 말하면 세 지역 개념은 서로 다르다.
>
> (다) 이슬람지역이 가장 광의의 지역 개념이라면 아랍은 가장 협소한 지역 개념이다. 아랍인들은 셈족이라는 종족적 공통성과 더불어 아랍어와 이슬람 문화를 공유하고 있다. 아랍지역에 속하는 국가는 아랍연맹 회원국 22개국이다. 아랍연맹 회원국에는 아라비아 반도에 위치한 사우디아라비아, 바레인, 쿠웨이트, 이라크, 오만, 아랍에미레이트 등과 북아프리카 지역의 알제리, 모로코, 리비아, 튀니지, 이집트, 수단 등이 포함된다.
>
> (라) 우선 이슬람지역은 이슬람교를 믿는 무슬림이 많이 분포된 지역을 지칭하는 것으로 종교적인 관점에서 구분한 지역 개념이다. 오늘날 무슬림은 전 세계 약 57개국에 많게는 약 16억, 적게는 약 13억이 분포된 것으로 추정되며, 그 수는 점점 더 증가하는 추세이다. 무슬림 인구는 이슬람교가 태동한 중동지역에 집중되어 있다. 또한 무슬림은 중국과 중앙아시아, 동남아시아, 북아프리카 지역에 걸쳐 넓게 분포해 있다.
>
> (마) 중동지역의 지리적 정의는 학자에 따라, 그리고 국가의 정책에 따라 다르다. 북아프리카에 위치한 국가들과 소련 해체 이후 독립한 중앙아시아의 신생 독립국들을 이 지역에 포함시켜야 하는가에 대해서는 확고하게 정립된 입장은 아직 없지만, 일반적으로 합의된 중동지역에는 아랍연맹 22개국과 비아랍국가인 이란, 터키 등이 포함된다. 이 중 터키는 유럽 연합 가입을 위해 계속적으로 노력하고 있으나 거부되고 있다.

① (가) - (마) - (나) - (다) - (라)　　② (나) - (라) - (가) - (마) - (다)

③ (나) - (라) - (다) - (마) - (가)　　④ (라) - (가) - (나) - (마) - (다)

✔ **해설** (나) : 화제 제시

(라) : '이슬람'의 개념 및 무슬림의 분포 (문두에 '우선'을 통해 세 개념 중 가장 먼저 설명하는 개점이라는 것을 알 수 있다.)

(가) : '중동'이란 단어의 유래 및 성격

(마) : '중동지역'의 지리적 정의

(다) : '아랍'의 개념 및 아랍연맹 회원국

Answer　20.④　21.②

22 다음 글을 읽고 흐름에 따라 올바르게 배열된 것을 고르시오.

(가) 화석이 되기 위해서는 우선 지질시대를 통해 고생물이 진화·발전하여 개체수가 충분히 많아야 한다. 다시 말하면, 화석이 되어 남는 고생물은 그 당시 매우 번성했던 생물인 것이다. 진화론에서 생물이 한 종에서 다른 종으로 진화할 때 중간 단계의 전이형태가 나타나지 않음은 오랫동안 문제시되어 왔다. 이러한 '잃어버린 고리'에 대한 합리적 해석으로 엘드리지와 굴드가 주장한 단속 평형설이 있다.

(나) 이에 따르면 새로운 종은 모집단에서 변이가 누적되어 서서히 나타나는 것이 아니라 모집단에서 이탈, 새로운 환경에 도전하는 소수의 개체 중에서 비교적 이른 시간에 급속하게 출현한다. 따라서 자연히 화석으로 남을 기회가 상대적으로 적다는 것이다.

(다) 그러나 이들 딱딱한 조직도 지표와 해저 등에서 지하수와 박테리아의 분해작용을 받으면 화석이 되지 않는다. 따라서 딱딱한 조직을 가진 생물은 전혀 그렇지 않은 생물보다 화석이 될 가능성이 크지만, 그것은 어디까지나 이차적인 조건이다.

(라) 고생물의 사체가 화석으로 남기 위해서는 분해작용을 받지 않아야 하고 이를 위해 가능한 한 급속히 퇴적물 속에 매몰될 필요가 있다. 대개의 경우 이러한 급속 매몰은 바람, 파도, 해류의 작용에 의한 마멸, 파괴 등의 기계적인 힘으로부터 고생물의 사체를 보호한다거나, 공기와 수중의 산소와 탄소에 의한 화학적인 분해 및 박테리아에 의한 분해, 포식동물에 의한 생물학적인 파괴를 막아 줄 가능성이 높기 때문이다. 퇴적물 속에 급속히 매몰되면 딱딱한 조직을 가지지 않은 해파리와 같은 생물도 화석으로 보존될 수 있으므로 급속 매몰이 중요한 의의를 가진다.

(마) 고생물의 골격, 이빨, 패각 등의 단단한 조직은 부패와 속성작용에 대한 내성을 가지고 있기 때문에 화석으로 남기 쉽다. 여기서 속성작용이란 퇴적물이 퇴적분지에 운반·퇴적된 후 단단한 암석으로 굳어지기까지의 물리·화학적 변화를 포함하는 일련의 과정을 일컫는다.

---

① (나) − (다) − (가) − (마) − (라) 　　② (나) − (다) − (라) − (마) − (가)

③ (마) − (가) − (나) − (라) − (다) 　　④ (마) − (다) − (가) − (나) − (라)

✔ 해설　(마) : 골격, 이빨, 패각 등이 화석으로 남기 쉬운 이유와 속성작용의 개념
(다) : 딱딱한 조직도 분해작용을 받으면 화석이 될 수 없으므로 이는 이차적인 조건임
(가) : 화석이 되기 위한 개체수 조건과 '잃어버린 고리'에 대한 근거로 단속 평형설 제시
(나) : 단속 평형설에 따른 '잃어버린 고리'에 대한 설명
(라) : 화석으로 남는 데 있어 급속 매몰의 중요성

23 다음 글을 통해 파악할 수 있는 내용으로 알맞은 것은?

> 아테네의 지도자였던 페리클레스는 밀레토스 최후의 철학자 아낙시메네스의 문하생인 아낙사고라스를 아테네로 데려왔는데 그는 전형적인 이오니아의 전통을 이어받은 철학자로서 피타고라스학파가 주장하였던 것과는 달리 지구는 원주형이며 신성한 것이 아니라고 믿었다. 그는 자석이 철을 끌어당기는 것은 영혼이 있기 때문이라고 생각하였으므로 이를 일반화하여 모든 운동은 정신 또는 넋의 작용이라고 주장하였으며, 달은 반사광으로 반짝거리고 월식이 지구의 그림자 때문이라고 주장한 최초의 사람이었다.
>
> 소크라테스의 시대에는 기술이나 자연철학은 무시당하고 있었으며, 철학자가 하여야 할 일은 인간과 사회의 질서를 바로잡는 것이었지 자연계를 이해하거나 지배하는 일이 아니었다. 소크라테스는 천문학은 시간의 낭비라고 여겼으며, 자연철학보다는 윤리적, 정치적 문제를 연구하였다. 이러한 전통은 그의 제자들에게 이어져 플라톤은 자신의 정치학적, 신학적 견해와 조화를 이루며 그것에 종속될 수 있는 자연철학을 주장하였으며 피타고라스 학파의 견해를 수용하였다. 플라톤은 원자론에 반대하였고 혼돈에서 질서로, 즉 지적 존재인 신이 합리적인 계획에 의해 세계를 체계화함으로써 혼돈 속에 있던 우주의 질서를 바로잡았다고 주장하였다.
>
> 아리스토텔레스는 그리스의 과학 사상의 전환기를 이루는 철학자이다. 그는 세계를 하나의 체계로 형상화한 최후의 철학자이면서 광범위한 경험적 연구를 시도한 최초의 과학자였다. 천문학에서는 제5의 원소인 에테르로 이루어져 있는 영원불변의 천계와 생성소멸의 지상을 주장하였다.

① 플라톤은 철인정치와 이데아론을 주장하였다.
② 피타고라스학파는 지구의 원형이 신성한 것이라고 주장하였다.
③ 이오니아 전통과 플라톤의 사상 사이에는 상반된 점이 존재한다.
④ 그리스의 과학은 아리스토텔레스에 이르러 최고의 절정기를 맞는다.

> ✔ 해설 ③ 플라톤은 피타고라스 학파의 견해를 수용하였다.
> ① 제시되지 않은 내용이다.
> ② 피타고라스학파의 주장은 확인할 수 없다.
> ④ 최고의 절정기와 관련된 내용이 제시되지 않았다.

24 다음 글에 드러난 논증 방식에 대한 설명으로 가장 적절한 것은?

> 붕당(朋黨)은 싸움에서 생기고, 그 싸움은 이해(利害)에서 생긴다. 이해가 절실할수록 당파는 심해지고, 이해가 오랠수록 당파는 굳어진다. 이것은 형세가 그렇게 만드는 것이다. 어떻게 하면 이것을 밝힐 수 있을까?
>
> 이제 열 사람이 모두 굶주리다가 한 사발의 밥을 함께 먹게 되었다고 하자. 그릇을 채 비우기도 전에 싸움이 일어난다. 말[言]이 불손하다고 꾸짖는 것을 보고 사람들은 모두 싸움이 '말'때문에 일어났다고 믿는다. 다른 날에 또 한 사발의 밥을 함께 먹다 그릇을 채 비우기도 전에 싸움이 일어난다. 태도가 공손치 못하다고 꾸짖는 것을 보고 사람들은 모두 싸움이 '태도'때문에 일어났다고 믿는다. 다른 날에 또다시 같은 상황이 벌어지면 이제 행동이 거칠다고 힐난하다가, 마침내 어떤 사람이 울화통을 터뜨리고 여럿이 이에 시끌벅적하게 가세한다. 시작은 대수롭지 않으나 마지막에는 크게 된다.
>
> 이것을 또 길에서 살펴보면 이러하다. 오던 자가 어깨를 건드리면 가던 자가 싸움을 건다. 말이 불손하고, 태도가 사나우며, 행동이 거칠다하여 그 하는 말은 끝이 없으나 떳떳하게 성내는 것이 아닌 것은 한 사발의 밥을 함께 먹다 싸울 때와 똑같다.
>
> 이로써 보면 싸움이 밥 때문이지, 말이나 태도나 행동 때문에 일어나는 것이 아님을 알 수 있다. 이해의 연원이 있음을 알지 못하고는, 그 잘못됨을 장차 고칠 수가 없는 법이다. 가령, 오늘은 한 사발의 밥을 먹다 싸웠으되 내일에는 각기 밥상을 차지하고 배불리 먹게 하여 싸우게 되었던 원인을 없앤다면, 한때 헐뜯고 꾸짖던 앙금이 저절로 가라앉아 다시는 싸우는 일이 없게 될 것이다.
>
> 나라의 붕당도 이와 다를 게 무엇인가. 처음에는 한 사람의 선하고 악한 것, 또는 한 가지 일의 경중(輕重)에 대해서 마음으로 좋지 않게 생각하고 입으로 비방하는 데 지나지 않는다. 이런 것은 얼마나 하찮은 일인가. 그러나 조정에서는 서로 피 튀기며 싸우고, 조정 밖에서는 으르렁거리는 것이 마치 군령(軍令)도 없이 사람마다 싸움터에서 후퇴할 줄 모르는 것과 같이 하니 도대체 왜 그러한가?

① 일반적인 전제에서 출발하여 구체적인 결론을 이끌어 내고 있다.

② 비판하고자 하는 대상을 유사한 상황에 빗대어 결론을 이끌어 내고 있다.

③ 구체적인 사례를 바탕으로 일반화의 과정을 거쳐 결론을 이끌어 내고 있다.

④ 상호 대립적인 두 대상을 견주어 문제 상황의 바람직한 대안을 이끌어 내고 있다.

> **✔해설** 제시문에서 글쓴이는 '밥그릇 싸움'과 '길에서의 싸움'이라는 상황에 빗대어 붕당의 원인이 이해관계에 있다는 결론과 그에 대한 해결 방안을 이끌어 내고 있다.
> ① 제시문은 첫 문단에서 글쓴이의 결론을 먼저 제시하고 있으므로 '대전제 – 소전제 – 결론'에 이르는 일반적인 연역추론의 단계와는 거리가 멀다.
> ③ 제시된 '밥그릇 싸움'과 '길에서의 싸움'을 구체적 사례로 볼 수는 있지만 이를 일반화하는 과정은 나타나지 않는다.
> ④ 제시문에서는 대립적인 견해는 제시되지 않았다.

25 다음 글에서 추론할 수 있는 내용으로 적절하지 않은 것은?

'옵션(option)'이라면 금융 상품을 떠올리기 쉽지만, 알고 보면 우리 주위에는 옵션의 성격을 갖는 현상이 참 많다. 옵션의 특성을 잘 이해하면 위험과 관련된 경제 현상을 이해하는 데 큰 도움이 된다.

옵션은 '미래의 일정한 시기(행사 시기)에 미리 정해진 가격(행사 가격)으로 어떤 상품(기초 자산)을 사거나 팔 수 있는 권리'로 정의된다.

상황에 따라 유리하면 행사하고 불리하면 포기할 수 있는 선택권이라는 성격 때문에 옵션은 수익의 비대칭성을 낳는다. 즉, 미래에 기초 자산의 가격이 유리한 방향으로 변화하면 옵션을 구입한 사람의 수익이 늘어나게 해 주지만, 불리한 방향으로 변화해도 그의 손실이 일정한 수준을 넘지 않도록 보장해 주는 것이다. 따라서 이 권리를 사기 위해 지급하는 돈, 즉 '옵션 프리미엄'은 이러한 보장을 제공받기 위해 치르는 비용인 것이다.

옵션 가운데 주식을 기초 자산으로 하는 주식 옵션의 사례를 살펴보면 옵션의 성격을 이해하기가 한층 더 쉽다. 가령, 2년 후에 어떤 회사의 주식을 한 주당 1만 원에 살 수 있는 권리를 지금 1천 원에 샀다고 하자. 2년 후에 그 회사의 주식 가격이 1만 원을 넘으면 이 옵션을 가진 사람으로서는 옵션을 행사하는 것이 유리하다. 만약 1만 5천 원이라면 1만 원에 사서 5천 원의 차익을 얻게 되므로 옵션 구입 가격 1천 원을 제하면 수익은 주당 4천 원이 된다. 하지만 1만 원에 못 미칠 경우에는 옵션을 포기하면 되므로 손실은 1천 원에 그친다. 여기서 주식 옵션을 가진 사람의 수익이 기초 자산인 주식의 가격 변화에 의존함을 확인할 수 있다. 회사가 경영자에게 주식 옵션을 유인책으로 지급하는 것은 바로 이 때문이다. 이 경우에는 옵션 프리미엄이 없다고 생각하기 쉽지만, 경영자가 옵션을 지급 받는 대신포기한 현금을 옵션 프리미엄으로 볼 수 있다.

---

① 옵션을 소유한 사람은 미래 주가의 수준에 따라 권리 행사 여부를 선택할 수 있다.

② 경영자가 옵션을 받을 경우 주가에만 집착할 수 있으므로 주주들의 감시도 필요하다.

③ 주주들이 회사의 주가를 올리고 싶은 경우 경영자에게 옵션을 지급하는 것이 유리하다.

④ 주식 가격이 옵션 소유자가 권리를 행사할 수 있는 가격과 같은 순간부터 실질적 이익이 발생한다.

> **해설** 주식 가격이 옵션 소유자가 권리를 행사할 수 있는 가격과 같은 순간부터 이익이 발생하는 것은 아니다. 옵션 소유자가 옵션을 받는 대신 지불한 비용 즉, 옵션 프리미엄이 있기 때문이다. 예를 들어 경영자가 자신의 연봉 2,000원을 대신하여 1년 후 회사의 주식을 10,000원에 살 수 있는 옵션을 받았다고 하자. 1년 후 주식 가격이 11,000원일 경우 옵션을 행사하면 1,000원의 차익을 얻을 수 있지만 옵션 소유자는 1년 전에 이미 옵션 프리미엄 2,000원을 지불하였으므로 전체적으로는 1,000원의 손해를 본 것이나 다름없다.

26 다음 제시문에서 글쓴이가 주장하는 바와 가장 일치하는 것은?

비행기는 하늘을 나는 새와 바다 속을 유영하는 물고기를 보고 모양새를 창안해 냈다고 한다. 최초의 비행기는 새를 모방함으로써 하늘을 날 수 있게 되었다. 그러나 비행기의 엔진이 점차 강력해짐에 따라 새의 날개가 지닌 양력(揚力)쯤은 별로 중요하지가 않게 되었다. 초보 단계의 비행기 설계에서는 어떻게 바람의 힘을 이용하는가 하는 문제가 커다란 과제였지만, 더 발달된 비행기에서는 어떻게 바람의 영향을 덜 받고 날 수 있는가 하는 문제가 중요한 과제로 부각되었던 것이다. 이때 비행기는 오징어의 추진 원리를 응용했다. 오징어는 힘차게 물을 분사하여 얻어진 힘으로 물살을 가르고 나아가는데, 이것을 본떠서 비행기의 날개를 좀 더 작게 만들어 뒤쪽에 다는 방식으로 디자인의 진보가 이루어졌다. 비행기를 만들 때에는 하늘에 떠 있어야 한다는 대전제에 충실해야 하므로, 모양새보다는 기능에 충실해질 수밖에 없었다. 따라서 비행기의 작은 날개조차도 철저하게 기능 위주로 설계된 것이다. 그렇다고 해서 현재의 비행기의 모양새가 형편없는 것은 아니다. 오히려 비행기는 모양새를 무시하고 철저하게 기능에 충실함으로써 독특하고 아름다운 디자인을 얻었다. 유행에 현혹되지 않고 효율성을 추구하면서도 가장 단순하고 세련된 형태를 낳은 경우라고 할 수 있다.

반면 자동차는 두 마리의 말이 끄는 마차의 모양새를 모방하여 제작되었다고 한다. 우리는 운전자의 자리가 앞쪽에 있으며 앞좌석에는 두 사람만 앉아야 한다는 것을 당연한 것으로 생각하지만, 꼭 이런 구조만 가능한가에 대해서는 의문의 여지가 남는다. 혹 이러한 생각 속에 자동차를 쌍두(雙頭) 마차의 일종으로 보는 선입견이 개입되어 있는 것은 아닐까. 어느 디자인 연구가는 자동차의 디자인이 마차시대의 관습과 유행에 얽매이고 말았다고 비판하였다. 그는 자동차의 전조등이 둘이라는 것, 운전석이 앞좌석의 한쪽에 치우쳐 있다는 것도 마차 시대의 산물이라고 주장한다. 사실 좌우를 잘 보기 위해서라면, 자동차의 눈이 양 옆에도 붙어 있어야 할지도 모른다. 또한 현대의 조명 기술 정도면 전조등을 한 개의 평면광선으로 처리하고 운전자의 눈을 현혹시키지 않는 정도에서 노상(路上)의 필요한 곳만 비출 수 있을지도 모른다. 그러나 현재의 자동차 디자이너들은 이러한 기본적인 문제를 검토하고 있는 것 같지는 않다. 예컨대 자동차가 마차를 모방하는 경우에도 차라리 쌍두마차 대신 사두(四頭) 마차를 모방했더라면, 운전자는 자동차 앞부분의 좀 더 높은 자리에 앉아 앞과 옆을 잘 보면서 핸들을 잡을 수도 있지 않았을까. 그러나 자동차가 사두마차의 구조를 빌려 온 예는 아직 보지 못했다.

① 기존의 대상과는 차별화되는 독특한 디자인을 추구해야 한다.
② 자연계의 생명체와 가장 흡사한 형태의 디자인을 추구해야 한다.
③ 자연의 지혜를 고려하여 기능에 충실한 디자인을 추구해야 한다.
④ 반드시 필요한 기능들로만 이루어진 소박한 디자인을 추구해야 한다.

③ 제시문에서 글쓴이의 주장은 첫 문단에 집약되어 있다고 볼 수 있다. 따라서 첫 문단에서 언급한 자연을 모방한 디자인, 기능에 충실한 디자인을 포함하여 글쓴이의 주장을 정리해야 한다.
　① 글쓴이의 주장과는 거리가 멀다.
　② 글쓴이는 자연을 모방하는 것이 바람직하다고 생각하고 있지만 그 형태가 반드시 흡사해야 한다는 것은 아니므로 적절하지 않다.
　④ 기능에 충실한 것이 최소한의 기능으로 축소한 이른바 '미니멀리즘'을 의미하는 것은 아니므로 적절하지 않다.

27 다음 제시된 글의 내용과 일치하지 않는 것은?

> 　데이터가 경쟁력인 빅데이터 시대의 도래로 데이터 마이닝의 중요성이 강조되고 있으며 데이터 간 연관관계를 분석하여 가치 있는 데이터를 추론·발굴할 수 있는 데이터 사이언티스트가 부상하고 있다. 전 세계 빅데이터 시장은 연평균 26% 성장하는 추세로 2018년에는 415억 달러 규모로 성장할 것으로 예상된다. 빅데이터에서 유용한 정보를 발굴하는 '데이터 사이언티스트'의 수요도 증가하고 있는데 데이터 사이언티스트(Data Scientist)는 데이터 마이닝, 데이터 정보 분석, 시각화 및 트렌드 예측을 담당하는 전문가이다. 맥킨지에 따르면, 미국은 약 19만 명의 데이터 전문 분석가 부족 현상에 직면할 것이라고 예상하기도 했다. 데이터 사이언티스트의 수요 증가에도 불구하고 국내는 공공, 민간에서 형성된 빅데이터 개방 미비와 전문 인력 부족으로 아직 초기단계에 머무르는 수준이다. 빅데이터 산업 및 데이터 사이언티스트 육성은 전 세계적 관심사로 미국의 샌프란시스코 소재 벤처캐피탈 갈바나이즈(Galvanize)와 교육기관 네트워크 연합체는 샌프란시스코 기술 대학 짚피언 아카데미(Zipfian Academy)에 데이터 사이언스 트레이닝 프로그램을 신설하였다. 국내에서도 산·학·연 등 전문가로 '빅데이터 자문위원회' 구성, 한국데이터베이스진흥원의 '빅데이터 아카데미' 설립, 빅데이터 자격증 도입 등을 계획 중이다. 이와 같이 데이터 발굴로 신사업 모델을 창출하는 데이터 사이언티스트가 유망 직종으로 부상하면서 새로운 비즈니스 모델 창출에도 기여할 전망이다. 따라서 빅데이터 활성화를 위해 데이터 사이언티스트 양성 전략 마련이 필요하며 빅데이터 산업 구축을 위한 빅데이터의 자원 확보 투자 및 빅데이터를 전문적으로 연구하기 위한 데이터 사이언티스트의 지속적인 양성 지원이 중요하다.

① 데이터 사이언티스트의 공급은 수요에 미치지 못할 것으로 전망되고 있다.
② 빅데이터 시장의 성장에 따라 데이터 사이언티스트의 입지가 좁아지고 있다.
③ 빅데이터 활성화를 위해서는 데이터 사이언티스트 양성 전략 마련이 시급하다.
④ 데이터 마이닝, 데이터 정보 분석 등을 담당하는 전문가를 데이터 사이언티스트라고 한다.

제시문은 빅데이터(Big Data) 시대의 도래로 데이터 사이언티스트(Data Scientist)의 수요가 많아지고 입지가 넓어질 것을 전망하고 있다. 따라서 데이터 사이언티스트의 입지가 좁아지고 있다는 내용은 제시문과 일치하지 않는다.

Answer　26.③　27.②

28 다음 글의 내용을 바탕으로 뒤에 이어질 내용으로 적절하지 않은 것은?

> 산업혁명 이후 몇 차례 불황이나 공황이 있긴 했지만 세계적으로는 경제 역사상 유례없는 성장을 하였다. 그러다가 공업화가 완료되어 가는 후기 산업사회에서는 대부분의 국가는 저성장, 고실업의 어려움에 직면해야만 했다. 경제성장의 궤도에 오른 국가들의 경우, 공업화 초기에는 성장률이 높은 편이지만 공업화가 완료되어 감에 따라 성장률이 둔화되는 것으로 나타났다. 미국이나 유럽의 경우 70년대 이후 성장의 정체 현상을 보였고 일본의 경우는 80년대 후반부터 그러하였고 한국은 90년대 이후 성장률이 둔화되면서 외환위기까지 경험하였다. 유례없는 경제성장의 원천은 기술진보에 의한 신성장산업의 지속적인 발굴, 새로운 기술이나 기계도입에 의한 생산성 향상이었고 정체의 원인은 신성장동력산업 발굴의 어려움 및 기존산업의 생산성 저하를 핵심요인으로 꼽을 수 있다. 경제성장 동인으로 기술의 절대성에 대해서는, 견해 대립이 심한 구제도학파와 신고전학파도 이점에서는 공감하며 경제학계에서는 보편적으로 인식되고 있다.
>
> 기술에 대한 연구도 베블렌(Thornstein Veblen, 1857~1929)과 슘페터(Joseph A Schumpeter, 1883~1950) 이후 그 추종자들에 의해 계속되고 있다. 이들은 구제도학파의 한 조류를 형성하거나, 슘페터주의, 진화론자 등으로 불리고 있다. 이들은 제도와 기술의 관계에서 제도와 기술의 상호작용을 인정하지만, 대체로 기술진보, 기술 확산, 기술추격을 위한 제도의 역할을 중요시한다. 즉, 제도보다는 기술을 중요시하는 경향이다. 이와 같이 경제 성장에서 기술의 중요성에 대해서는 거의 모든 학자들이 인정하고 있다. 그러나 기술진보로 인한 산업혁명을 가능하게 한 근본 요인으로서, 정치, 경제, 사회제도의 변동에 대한 인식은 미흡한 편이다.

① 법, 정치, 사회제도의 변동 과정
② 산업혁명 전후 사회제도의 특징
③ 기술 격차의 배경에 자리한 요인으로서의 제도
④ 과거를 통해 본 미래 기술 개발의 방향

> ✔해설 제시된 글은 산업혁명을 가능케 한 근본 요인으로 기술의 발달을 인정하면서도 마지막 부분에서 '제도의 변동'에 대한 인식이 부족함을 언급하고 있다. 따라서 이 글 다음에 이어질 부분에서는 정치, 경제, 사회제도에 대한 내용이 집중 조명될 것으로 추측할 수 있다.

29 다음 글의 내용을 가장 적절하게 요약한 것은 어느 것인가?

> 프랑스는 1999년 고용상의 남녀평등을 강조한 암스테르담 조약을 인준하고 국내법에 도입하여 시행하였으며, 2006년에는 양성 간 임금 격차축소와 일·가정 양립을 주요한 목표로 삼는 「남녀 임금평등에 관한 법률」을 제정하였다. 동 법에서는 기업별, 산업별 교섭에서 남녀 임금격차 축소에 대한 내용을 포함하도록 의무화하고, 출산휴가 및 입양휴가 이후 임금 미상승분을 보충하도록 하고 있다. 스웨덴은 사회 전반에서 기회·권리 균등을 촉진하고 각종 차별을 방지하기 위한 「차별법(The Discrimination Act)」 시행을 통해 남녀의 차별을 시정하였다. 또한 신축적인 파트타임과 출퇴근시간 자유화, 출산 후 직장복귀 등을 법제화하였다. 나아가 공공보육시설 무상 이용(평균 보육료 부담 4%)을 실시하고 보편적 아동수당과 저소득층에 대한 주택보조금 지원 정책도 시행하고 있다. 노르웨이 역시 특정 정책보다는 남녀평등 분위기 조성과 일과 양육을 병행할 수 있는 사회적 환경 조성이 출산율을 제고하는 데 기여하였다. 한편 일본은 2005년 신신(新新)엔젤플랜을 발족하여 보육환경을 개선함으로써 여성의 경제활동을 늘리고, 남성의 육아휴직, 기업의 가족지원 등을 장려하여 저출산 문제의 극복을 위해 노력하고 있다.

① 각 국의 근로정책 소개
② 선진국의 남녀 평등문화
③ 남녀평등에 관한 국가별 법률 현황
④ 남녀가 평등한 문화 및 근로정책

> ✔ **해설** 몇 개 국가의 남녀평등 문화와 근로정책에 대하여 간략하게 기술하고 있다. ③을 정답으로 고르기에는 노르웨이와 일본의 경우에는 법률을 구체적으로 언급하고 있지 않다. 또한 단순한 근로정책 소개가 아닌, 남녀평등에 관한 내용을 일관되게 소개하고 있으므로 전체를 포함하는 논지는 '남녀평등과 그에 따른 근로정책'이라고 볼 수 있다.

30 다음 글의 내용과 일치하지 않는 것은?

과수원을 중심으로 하여 형성된 취락을 과원취락이라고 한다. 과수의 경우 특유의 자연적 조건이 필요하기 때문에 이것이 과원취락의 중요한 입지인자가 되는 것이다.

우리나라의 대표적인 과원취락으로는 1890년부터 1900년 사이에 형성된 길주·원산·서울 등지를 중심으로 외국인 선교사에 의하여 개원된 것과, 1900년부터 1910년 사이에 인천·황주·남포·대구·나주·포항·구포·소사(지금의 부천) 등지에 일본인에 의하여 개원된 것으로 구분된다. 그러나 한국의 기업적 과원과 과원취락 형성에 결정적인 영향을 미친 것은 후자 쪽이다.

과원취락의 발달 과정은 초기에는 대지에 인접하여 있는 토지에 묘목을 재배하여 과원입지가 촌내에 한정되고 부업의 한계를 벗어나지 못하였으나, 그 규모가 확대됨에 따라 촌내에서 촌외 경지로 확산되었다. 경작권이 외곽으로 격리된 과원은 이윤 추구를 목표로 철저한 개별 경영에 초점을 맞추었다.

과원농가는 농가와 과원까지의 거리가 증가함에 따른 노동 시간 감소·체력 소모·운반비 부담 등의 불이익을 줄이기 위하여 과원 안에 입지하며, 특히 교통로에 인접하는 경향을 보이고 있다. 그리하여 과원취락은 농가가 고립하여 분산된 산촌을 형성하고 있다.

과원취락의 농가 구조는 과원의 규모 및 발달 단계에 따라 개척형·토착형·기업형으로 구분된다. 개척형은 아직 수확을 바라볼 수 없는 유목 단계에서 계절 거주나 일시적 휴식을 위한 가건물의 성격을 띠며, 방과 부엌으로 된 두 칸 구조를 이루고 있다. 토착형은 개척 단계에서 벗어나 경제적 기반이 확립되면서 세 칸 구조를 기본으로 생활공간이 확대되고 다실화된 것이다. 즉, 두 칸 구조에 대청 또는 툇마루가 첨가되어 두 가구의 생활권을 공존시키거나 자녀를 포함한 전 가족의 생활공간으로 이용된 것이다.

이는 과목이 성장하고 과원 경영이 전문화됨에 따라 지속적이며 장기적인 노동력 투하가 요구되고, 따라서 과원주(主) 또는 관리인의 과원 상주가 필요하였기 때문이다. 기업형은 쾌적한 생활환경 조성에 역점을 두어 다실화 구조에 욕실·실내 화장실·응접실 등을 갖추고 있다. 특히, 토착형에서 종적 배치를 이루던 대청이 기업형에서는 횡적 배치를 이루었고, 응접실과 사랑방이 전면양측으로 확장, 곡부가 발달되어 일자형의 농가 배치에서 ㄷ자형으로 발전하였다. 또한, 과원농업의 기업화에 따라서 창고·저장고·저수탱크 등이 농가 주변으로 분리되는 별동구조를 보이고 있다.

과원 지역의 산촌은 철저한 개별 경영을 하고 있는 까닭에 경영 합리화에 이로움이 없지 않으나, 저장고·창고·저수탱크 등 필수 시설이 농가 주변에 설치되어야 하므로, 부대 시설비와 생활 기반 시설비 부담이 클 뿐만 아니라, 생활권의 고립과 방어상의 취약성 등 부정적 측면도 가지고 있다. 이에 산촌이 가지는 본질적 취약성을 보완하고 농촌 생활의 안정적 향상을 위하여 과원 지역의 취락 재편성이 필요하다.

① 우리나라의 기업적 과원과 과원취락 형성에 결정적인 영향을 미친 것은 1890년부터 1900년 사이에 외국인 선교사에 의하여 개원된 과원취락이다.

② 과원취락의 농가 구조 중 기업형은 쾌적한 생활환경 조성에 역점을 두어 다실화 구조에 욕실·실내 화장실·응접실 등을 갖추고 있다.

③ 과수의 경우 특유의 자연적 조건이 필요하기 때문에 과원취락은 과수원을 중심으로 하여 형성된다.

④ 과원농가는 보통 노동 시간 감소·체력 소모·운반비 부담 등의 불이익을 줄이기 위하여 과원 안에 입지하였다.

> ✔해설 ① 우리나라의 기업적 과원과 과원취락 형성에 결정적인 영향을 미친 것은 1900년부터 1910년 사이에 인천·황주·남포·대구·나주·포항·구포·소사(지금의 부천) 등지에 일본인에 의하여 개원된 과원취락이다.

Answer 30.①

❚31~32❚ 다음 글을 읽고 물음에 답하시오.

(가) 백두산은 넓은 의미로 우리나라의 북부와 만주의 남동부 지역에 걸쳐 있는 산지와 고원을 통틀어 가리키기도 하고(동서 310km, 남북 200km, 총면적 약 7만km²), 좁은 의미로 백두산 주봉만을 가리키기도 한다. 그러나 일반적으로 백두산은 백두산체와 백두산 기슭까지를 포괄하는 범위를 말한다. 이렇게 볼 때, 백두산은 우리나라 함경도의 삼지연, 보천, 백암, 대흥단군과 중국 길림성의 안도, 무송, 장백조선족 자치현의 넓은 지역에 놓이게 된다. 백두산의 전체 넓이는 약 8,000km²로 전라북도의 넓이와 비슷하다.

(나) 백두산이 이루어지기까지는 만장의 세월이 흘렀다. 백두산은 수십억 년 전에 기저가 이루어지고 지대가 발육한 뒤, 지금으로부터 약 1천만 년 전부터 화산 활동으로 형성되어 왔다. 오늘날의 백두산 일대는 본래 그리 높지 않은 언덕벌이었다. 그러다가 화산 분출로 현무암이 흘러내려 방패 모양의 용암 대지가 형성되고 다시 용암이 여러 차례 분출되어 종 모양의 기본 산체가 이루어졌다. 천지도 이 무렵에 화산 마루의 윗부분이 꺼져내려 형성되었다.

(다) 백두산은 원시 시대부터 오늘날에 이르기까지 우리 겨레의 역사와 깊은 관계를 맺어 왔다. 백두산 품에서 흘러내린 두만강가에는 원시인들이 모여 살았고, 백두산의 정기를 받은 고구려와 발해 사람들은 백두산에서 씩씩함과 슬기를 배워 찬란한 문화를 창조했으며, 백두산에 대한 수많은 전설과 설화가 우리 겨레의 생활 속에 녹아들었다. 그런가 하면 백두산은 우리 겨레가 북방 오랑캐 등 외적의 침입을 받을 때마다 안타까워하기도 하고, 봉건 통치배들의 억압과 수탈을 못이겨 두만강을 건너야 했던 조선 민중들을 어루만져 주기도 했다.

(라) 나라의 조종산(祖宗山)으로 일컬어져 왔던 백두산은 근대에 들어와 의병과 독립군, 항일 전사들에게 민족 해방 투쟁의 장을 마련해 줌과 동시에 그들에게 민족 해방의 꿈을 심어 주었다. 그리하여 백두 밀림과 만주 벌판은 일제 침략자들과 맞서 싸우는 격전장이 되었다. 1930년대 후반기에 이르러 항일 전사들은 백두산 기슭의 보천보와 대흥단벌에 진출하여 일제 침략자들을 격파했고, 그 일로 백두산은 식민지 민중에게는 별과도 같은 존재였다.

(마) 오늘날 백두산은 남북으로 헤어져 사는 겨레에게 하나된 조국의 상징으로 비쳐지고 있다. 사시 장철 머리에 흰눈을 인 백두산은 통일의 비원(悲願)을 안고 남녘의 지리산까지 달음박질쳐 백두대간을 이루고 있다. 백두산과 백두대간에 대해 나날이 높아지는 관심은 백두산에 우리 겨레의 지향과 요구가 반영되어 있음을 잘 보여 준다.

31 윗글의 내용과 일치하는 것은?

① 우리 겨레는 백두산에서 많은 북방 오랑캐들을 섬멸하였다.
② 백두산에 대한 보편적인 의미는 백두산 주봉과 백두산체이다.
③ 백두 밀림과 만주 벌판은 항일 운동의 치열한 무대가 되었다.
④ 백두산은 화산 활동으로 형성된 뒤 지대가 발육하여 형성되었다.

> ✔해설 (라)에서 '백두 밀림과 만주 벌판은 일제 침략자들과 맞서 싸우는 격전장이 되었다.'에서 ③이 정답임을 알 수 있다.

32 (가) ~ (마)의 중심 화제로 알맞은 것은?

① (가) : 백두산의 명칭
② (나) : 백두산의 형성 과정
③ (다) : 백두산에 얽힌 전설
④ (라) : 백두산의 전략적 가치

> ✔해설 (가)는 백두산의 지리적 개관이다. (나)는 형성 과정이므로 ②가 정답이다. (다)는 근대 이전에 우리 겨레와의 관계, (라)는 근대의 우리 겨레와의 관계이며, (마)는 현대에 있어 백두산의 상징적 의미인 통일을 다루고 있다.

Answer 31.③ 32.②

33 다음 글에 대한 평가로 가장 적절한 것은?

요즘에는 낯선 곳을 찾아갈 때, 지도를 해석하며 어렵게 길을 찾지 않아도 된다. 기술력의 발달에 따라, 제공되는 공간 정보를 바탕으로 최적의 경로를 탐색할 수 있게 되었기 때문이다. 이는 어떤 곳의 위치 좌표나 지리적 형상에 대한 정보뿐만 아니라 시간에 따른 공간의 변화를 포함한 공간 정보를 이용할 수 있게 되면서 가능해진 것이다. 이처럼, 공간 정보가 시간에 따른 변화를 반영할 수 있게 된 것은 정보를 수집하고 분석하는 정보 통신 기술의 발전과 밀접한 관련이 있다.

공간 정보의 활용은 '위치정보시스템(GPS)'과 '지리정보시스템(GIS)' 등의 기술적 발전과 휴대 전화나 태블릿 PC 등 정보 통신 기기의 보급을 기반으로 한다. 위치정보시스템은 공간에 대한 정보를 수집하고 지리정보시스템은 정보를 저장, 분류, 분석한다. 이렇게 분석된 정보는 사용자의 요구에 따라 휴대 전화나 태블릿 PC 등을 통해 최적화되어 전달된다.

길 찾기를 예로 들어 이 과정을 살펴보자. 휴대 전화 애플리케이션을 이용해 사용자가 가려는 목적지를 입력하고 이동 수단으로 버스를 선택하였다면, 우선 사용자의 현재 위치가 위치정보시스템에 의해 실시간으로 수집된다. 그리고 목적지와 이동 수단 등 사용자의 요구와 실시간으로 수집된 정보에 따라 지리정보시스템은 탑승할 버스 정류장의 위치, 다양한 버스 노선, 최단 시간 등을 분석하여 제공한다. 더 나아가 교통 정체와 같은 돌발 상황과 목적지에 이르는 경로의 주변 정보까지 분석하여 제공한다.

공간 정보의 활용 범위는 계속 확대되고 있다. 예를 들어, 여행지와 관련한 공간 정보는 여행자의 요구와 선호에 따라 선별적으로 분석되어 활용된다. 나아가 유동 인구를 고려한 상권 분석과 교통의 흐름을 고려한 도시 계획 수립에도 공간 정보 활용이 가능하게 되었다. 획기적으로 발전되고 있는 첨단 기술이 적용된 공간 정보가 국가 차원의 자연재해 예측 시스템에도 활발히 활용된다면 한층 정밀한 재해 예방 및 대비가 가능해질 것이다. 이로 인해 우리의 삶도 더 편리하고 안전해질 것으로 기대된다.

① 공간 정보 활용 범위의 확대 사례를 제시하여 내용을 타당성 있게 뒷받침하고 있다.

② 전문 기관의 자료를 바탕으로 공간 정보 활용에 대한 믿을 만한 근거를 제시하고 있다.

③ 위치 정보에 접근하는 방식의 차이점을 지역별로 비교하여 균형 있는 주장을 하고 있다.

④ 구체적 수치 자료를 근거로 하여 공간 정보 활용 비율을 신뢰성 있게 제시하고 있다.

> ✔해설 마지막 문단에서 공간 정보 활용 범위의 확대 사례 사례로 여행지와 관련한 공간 정보 활용과 도시 계획 수립을 위한 공간 정보 활용, 자연재해 예측 시스템에서의 공간 정보 활용 등을 제시하여 내용을 타당성 있게 뒷받침하고 있다.

34 다음 글에서 언급하지 않은 내용은?

> 독일의 학자 아스만(Asmann. A)은 장소가 기억의 주체, 기억의 버팀목이 될 수도 있고, 인간의 기억을 초월하는 의미를 제공할 수도 있다고 하였다. 그렇다면 하루가 다르게 변해 가는 오늘날의 삶에서 장소에 대한 기억이 우리에게 주는 의미는 무엇인가?
>
> 장소에 대한 기억에 대해 사람들은 다소 애매하면서도 암시적인 표현을 사용한다. 이는 사람들이 장소를 기억하는 것인지, 아니면 장소에 대한 기억, 곧 어떤 장소에 자리하고 있는 기억을 말하는 것인지 분명하지 않기 때문이다. 이에 대해 아스만은 전자를 '기억의 장소', 후자를 '장소의 기억'으로 구분한다. 그녀의 구분에 의하면 기억의 장소는 동일한 내용을 불러일으키는 것을 목적으로 하는 장소로, 내용을 체계적으로 저장하고 인출하기 위한 암기의 수단으로 쓰인다. 이와 달리 장소의 기억은 특정 장소와 결부되어 있는 기억이다. 사람들은 그들의 관점과 시각, 욕구에 따라 과거를 현재화하며, 기억하는 사람에 따라 다르게 장소의 기억을 형성한다.
>
> 오늘날의 사회에서는 시대의 변화로 인해 기억의 장소에서 시선을 옮겨 장소의 기억에 주목하고 있다. 기억의 장소의 경우, 넘쳐 나게 된 정보와 지식들로 인해 암기 차원의 기억은 정보 기술 분야에서 다룰 수 있으므로 그 기능을 잃게 되었다.
>
> 한편, 현대인의 삶이 파편화되고 공유된 장소가 개별화되면서 공동체가 공유하고 있는 정체성까지도 단절되고 있다. 마치 오랜 세월 동안 사람들의 일상 속에서 과거의 기억과 삶의 정취를 고스란히 담아 온 골목이 단순한 통로, 주차장, 혹은 사적 소유지로 변해 버린 것과 같다. 이러한 단절을 극복하고 공동의 정체성을 회복할 수 있는 방안으로 중요하게 기능하는 것이 장소의 기억이다. 장소의 기억은 특정 장소에 대하여 각자의 기억들을 공유한다. 그리고 여러 시대에 걸쳐 공유해 온 장소의 기억은 장소를 매개로 하여 다시 전승되어 가며 공동의 기억과 공동의 정체성을 형성해 나간다. 개별화된 지금의 장소가 다시 공유된 장소로 회복될 때 장소의 기억이 공유될 수 있다. 또 이를 통해 우리의 파편화된 삶은 다시 그 조각들을 맞추어 나갈 수 있게 될 것이다. 장소의 공유 안에서 단절되었던 공동체적 정체성도 전승되어 가는 것이다.
>
> 장소는 오래 전의 기억을 현재 시점으로 불러올 수 있는 중요한 수단이다. 이제는 시간의 흔적이 겹겹이 쌓인 장소의 기억에서 과거와의 유대를 활성화해 나갈 시점이다.

① '기억의 장소'의 특징
② '기억의 장소'의 구체적 사례
③ '장소의 기억'의 형성 과정
④ '장소의 기억'의 현대적 가치

> ✔해설 '기억의 장소'의 구체적 사례에 대해서는 언급되지 않았다.
> ①③ 두 번째 문단에서 언급하였다.
> ④ 네 번째 문단에서 언급하였다.

▌ **다음 글을 읽고 물음에 답하시오.**

1972년 프루지너는 병에 걸린 동물을 연구하다가, 우연히 정상 단백질이 어떤 원인에 의해 비정상적인 구조로 변하면 바이러스처럼 전염되며 신경 세포를 파괴한다는 사실을 밝혀냈다. 프루지너는 이 단백질을 '단백질(protein)'과 '바이러스 입자(viroid)'의 합성어인 '프리온(prion)'이라 명명하고 이를 학계에 보고했다.

프루지너가 프리온의 존재를 발표하던 당시, 분자생물학계의 중심이론은 1957년 크릭에 의해 주창된 '유전 정보 중심설'이었다. 이 이론의 핵심은 유전되는 모든 정보는 DNA 속에 담겨 있다는 것과, 유전 정보는 핵산(DNA, RNA)에서 단백질로만 이동이 가능하다는 것이다. 크릭에 따르면 모든 동식물의 세포에서 DNA의 유전 정보는 DNA로부터 세포핵 안의 또 다른 핵산인 RNA가 전사되는 과정에서 전달되고, 이 RNA가 세포질로 나와 단백질을 합성하는 번역의 과정을 통해 단백질로의 전달이 이루어진다. 따라서 단백질은 핵산이 없으므로 스스로 정보를 저장할 수 없고 자기 복제할 수 없다는 것이다.

그런데 프루지너는, 프리온이라는 단백질은 핵산이 아예 존재하지 않음에도 자기 복제를 한다고 주장하였다. 이 주장은 크릭의 유전 정보 중심설에 기반을 둔 분자생물학계의 중심 이론을 흔들게 된다. 아직 논란이 끝난 것은 아니지만 '자기 복제하는 단백질'이라는 개념이 분자생물학자들에게 받아들여지기까지는 매우 험난한 과정이 필요했다. 과학자들은 충분하지 못한 증거를 가진 주장에 대해서는 매우 보수적일 뿐만 아니라, 기존의 이론으로 설명할 수 없는 현상을 대했을 때는 어떻게든 기존의 이론으로 설명해내려 노력하기 때문이다. 프루지너가 프리온을 발견한 공로로 노벨 생리학·의학상을 받은 것은 1997년에 이르러서였다.

사실 프루지너에 앞서 1965년에도 효모를 이용한 유전학 실험에서 기존의 유전 법칙을 따르지 않는 유전 현상이 발견된 바 있으나 대부분의 과학자들은 기존 이론으로만 설명하려고 하였다. 결국 수십 년이 지난 뒤에 이러한 현상의 배후에 [PSI+]라는 프리온이 존재하고 있음이 밝혀짐으로써 비로소 주목받기 시작했다. 밝혀진 결과에 따르면 Sup35라는 정상적인 단백질이 어떤 이유에서인지 일단 [PSI+]로 변화되고 나면, 이 [PSI+]가 곧 주위의 다른 Sup35 단백질을 [PSI+]로 변화시키며 유전된다는 것이다.

여기서 더 나아가 프리온의 존재는 분자생물학 뿐 아니라 생물학 전체를 뒤흔들만한 가설로 이어지고 있다. 2000년 린드퀴스트 교수는 효모를 프리온이 있는 것과 없는 것으로 나눈 다음, 이 두 부류가 150가지 이상의 서로 다른 성장 조건에서 얼마나 잘 적응하는지를 실험하였다. 그는 이 실험을 통하여 프리온을 가진 효모가 그렇지 않은 것보다 적응도가 더 높다는 결과를 얻었다. 이는 프리온이 환경 변화에 대한 적응도를 높일 가능성이 있음을 시사한다. 진화론에서는 환경의 변화에 따른 유전형의 변화를 하나의 산 정상에서 다른 산의 정상으로 가는 등반에 비유하곤 하는데, 린드퀴스트는 프리온이 성공적인 등반을 쉽게 해주는 유전학적 스위치일 수 있다고 주장한다. 구체적으로 표현하면 프리온이 (㉠)는 것이다. 린드퀴스트의 이 가설은 현재 진화력(進化力)과 관련하여 생물학계의 화두가 되고 있다.

35 윗글을 통해 확인할 수 있는 정보로 적절하지 않은 것은?

① 단백질이 '프리온'으로 변하는 원인
② '프리온'의 발견이 생물학계에 미친 영향
③ 프루지너가 '프리온'을 발견하게 된 계기
④ '유전 정보 중심설'에서 유전 정보가 전달되는 순서

> **✔해설** 네 번째 문단의 '~정상적인 단백질이 어떤 이유에서인지 일단 [PSI+]로 변화되고 나면, 이 [PSI+]가 곧 주위의 다른 Sup35 단백질을 [PSI+]로 변화시키며 유전된다는 것이다.'를 통해 단백질이 어떤 이유로 프리온으로 변하는지의 원인은 알 수 없다는 것을 확인할 수 있다.

36 ㉠에 들어갈 내용으로 가장 적절한 것은?

① 환경의 변화로 유전 정보가 변하는 것을 방지하는 요소일 수 있다.
② 개체의 생존이 유리하도록 환경을 변화시키는 유전 인자일 수 있다.
③ 환경에 잘 적응할 수 있도록 개체의 진화력을 높이는 유전 인자일 수 있다.
④ 핵산이 없는 단백질임에도 스스로 유전 정보를 저장하는 요소일 수 있다.

> **✔해설** ㉠에는 앞 문장의 구체적인 결론이 와야 하는데, '이는 프리온이 환경 변화에 대한 적응도를 높일 가능성이 있음을 시사한다.'는 문장을 통해 프리온은 환경을 변화시키거나 유전정보의 변이를 방지하는 직접적인 요인이 아니라 개체의 진화력을 높이는 유전 인자일 수 있다는 결론을 얻을 수 있다.

Answer   35.①   36.③

_____는 속담이 있듯이 다른 사람들의 행동을 따라하는 것을 심리학에서는 '동조(同調)'라고 한다. OX 퀴즈에서 답을 잘 모를 때 더 많은 사람들이 선택하는 쪽을 따르는 것도 일종의 동조이다.

심리학에서는 동조가 일어나는 이유를 크게 두 가지로 설명한다. 첫째는, 사람들은 자기가 확실히 알지 못하는 일에 대해 남이 하는 대로 따라 하면 적어도 손해를 보지는 않는다고 생각한다는 것이다. 낯선 지역을 여행하던 중에 식사를 할 때 여행객들은 대개 손님들로 북적거리는 식당을 찾게 마련이다. 식당이 북적거린다는 것은 그만큼 그 식당의 음식이 맛있다는 것을 뜻한다고 여기기 때문이다. 둘째는, 어떤 집단이 그 구성원들을 이끌어 나가는 질서나 규범 같은 힘을 가지고 있을 때, 그러한 집단의 압력 때문에 동조 현상이 일어난다는 것이다. 만약 어떤 개인이 그 힘을 인정하지 않는다면 그는 집단에서 배척당하기 쉽다. 이런 사정 때문에 사람들은 집단으로부터 소외되지 않기 위해서 동조를 하게 된다. 여기시 주목할 것은 자신이 믿지 않거나 옳지 않다고 생각하는 문제에 대해서도 동조의 입장을 취하게 된다는 것이다.

상황에 따라서는 위의 두 가지 이유가 함께 작용하는 경우도 있다. 예컨대 선거에서 지지할 후보를 결정하고자 할 때 사람들은 대개 활발하게 거리 유세를 하며 좀 더 많은 지지자들의 호응을 이끌어 내는 후보를 선택하게 된다. 곧 지지자들의 열렬한 태도가 다른 사람들도 그 후보를 지지하도록 이끄는 정보로 작용한 것이다. 이때 지지자 집단의 규모가 클수록 지지를 이끌어 내는 데에 효과적으로 작용한다.

동조는 개인의 심리 작용에 영향을 미치는 요인이 무엇이냐에 따라 그 강도가 다르게 나타난다. 가지고 있는 정보가 부족하여 어떤 판단을 내리기 어려운 상황일수록, 자신의 판단에 대한 확신이 들지 않을수록 동조 현상은 강하게 나타난다. 또한 집단의 구성원 수가 많고 그 결속력이 강할 때, 특정 정보를 제공하는 사람의 권위와 그에 대한 신뢰도가 높을 때도 동조 현상은 강하게 나타난다. 그리고 어떤 문제에 대한 집단 구성원들의 만장일치 여부도 동조에 큰 영향을 미치게 되는데, 만약 이때 단 한 명이라도 이탈자가 생기면 동조의 정도는 급격히 약화된다.

어떤 사람이 길을 건너려고 할 때 무단 횡단하는 사람들이 있으면 별 생각 없이 따라 하는 것처럼, 동조 현상은 ㉠ 부정적인 경우에도 일어난다. 그러나 정류장에서 차례로 줄을 서서 버스를 기다리는 모습처럼 긍정적으로 작용하는 경우도 많다.

37 윗글에 대한 설명으로 옳지 않은 것은?

① 정보제공자의 권위와 그에 대한 신뢰도는 동조 현상의 강도에 영향을 미친다.

② 심리학에서는 집단의 압력 때문에 동조가 일어난다고 본다.

③ 심리학에서는 남이 하는 대로 따라하면 손해를 보지는 않는다고 생각하는 것이 동조의 이유라고 본다.

④ 정보가 충분하지만, 자신의 판단에 대한 확신이 들지 않을 때 동조 현상이 가장 강하게 나타난다.

> ✔해설 ④ 네 번째 문단에서 정보가 부족하여 어떤 판단을 내리기 어려운 상황일수록, 자신의 판단에 대한 확신이 들지 않을수록 동조 현상은 강하게 나타난다고 말하고 있다.

38 윗글의 밑줄 친 부분에 들어갈 속담으로 적절한 것은?

① 초록은 동색이다

② 친구 따라 강남 간다

③ 가재는 게 편이다

④ 모로 가도 서울만 가면 된다

> ✔해설 ② 윗글에서는 다른 사람의 행동을 따라하는 '동조'에 대해 설명하고 있으므로, '남에게 이끌려서 덩달아 하게 됨'을 이르는 말인 '친구 따라 강남 간다'가 밑줄 친 부분에 들어가는 것이 적절하다.

39 다음 중 밑줄 친 ㉠의 예로 적절한 것은?

① 주차장이 아닌 길가에 주차된 차들 옆에 차를 주차한다.

② 자동차를 구매할 때 주변에서 많이 보이는 차종을 구매한다.

③ 사람이 많이 붐비는 맛집에 줄을 서서 식사를 한다.

④ 식당에 가서 부장님이 시키신 메뉴로 모두 통일한다.

> ✔해설 ① ㉠은 '어떤 사람이 길을 건너려고 할 때 무단 횡단하는 사람들이 있으면 별 생각 없이 따라 하는 것'처럼 동조 중에서도 규범을 어기는 등 부정적인 경우를 말한다. 이에 해당하는 것은 ①번이다.

Answer 37.④ 38.② 39.①

40 다음 글을 바탕으로 볼 때 만족감이 가장 클 것으로 기대되는 사례는?

우리의 경제 활동을 들여다보면 가끔 이해하기 어려운 현상을 만날 때가 있다. 예컨대, 똑같이 백만 원을 벌었는데도 어떤 사람은 만족하고 어떤 사람은 만족하지 못한다. 또 한 번도 당첨된 적이 없는데도 복권을 사는 데 많은 돈을 쓰는 사람들이 있다. 왜 그럴까? 지금부터 '준거점'과 '손실회피성'이라는 개념을 통해 이러한 현상의 원인을 이해해 보자.

먼저 다음 예를 살펴보자. A의 용돈은 만 원, B의 용돈은 천 원이다. 그런데 용돈에 변화가 생겨서 A의 용돈은 만천 원이 되고, B의 용돈은 이천 원이 되었다. 이때 둘 중에 누가 더 만족할까? 객관적인 기준으로 본다면 A는 B보다 여전히 더 많은 용돈을 받으므로 A가 더 만족해야 한다. 그러나 용돈이 천 원 오른 것에 대해 A는 원래 용돈인 만 원을 기준으로, B는 천 원을 기준으로 그 가치를 느낄 것이므로 실제로는 B가 더 만족할 것이다. 이렇게 경제적인 이익이나 손실의 가치를 판단할 때 작동하는 내적인 기준을 경제 이론에서는 '준거점'이라고 한다. 사람들은 이러한 준거점에 의존하여 이익과 손실의 가치를 판단한다.

그런데 사람들은 똑같은 금액의 이익과 손실이 있을 때, 이익으로 인한 기쁨보다 손실로 인한 고통을 더 크게 느낀다. 즉, 백만 원이 생겼을 때 느끼는 기쁨보다 백만 원을 잃었을 때 느끼는 슬픔을 더 크게 느낀다는 것이다. 이러한 심리적 특성으로 인해 사람들은 경제 활동을 할 때 손실이 일어나는 것을 회피하려는 경향이 있다. 이것을 '손실회피성'이라고 한다.

손실회피성은 주식에 투자하는 사람들의 행동에서 쉽게 찾아 볼 수 있다. 주식에 십만 원을 투자했는데 오만 원을 잃은 사람이 있다고 가정하자. 그가 그 시점에서 주식 투자를 그만 두면 그는 확실히 오만 원의 손실을 입는다. 그러나 주식 투자를 계속하면 이미 잃은 오만 원은 확실한 손실이 아닐 수 있다. 왜냐하면 주식 투자를 계속 할 경우 잃은 돈을 다시 벌 수 있는 가능성이 있기 때문이다. 이러한 상황에서 사람들은 확실한 손실보다는 불확실한 손실을 선택하여 자신이 입을 손실을 회피하려고 한다.

① 민희의 한 달 용돈이 십만 원에서 십일만 원으로 인상되었다.
② 영호는 오만 원의 용돈을 받다가 이달부터 육만 원을 받게 되었다.
③ 인수는 매달 이만 오천 원의 용돈을 받았는데 이달부터 삼만 오천 원을 받았다.
④ 영희는 만 원씩 받던 한 달 용돈을 이달부터 이만 원씩 받았다.

> **✔해설** 준거점에 근거하여 만족감이 큰 순으로 나열하면 영희 > 철수 > 인수 > 영호 > 민희이다.
> ④ 영희의 준거점은 만 원으로 준거점 대비 100% 인상되었다.
> ① 민희의 준거점 십만 원으로 준거점 대비 10% 인상되었다.
> ② 영호의 준거점은 오만 원으로 준거점 대비 20% 인상되었다.
> ③ 인수의 준거점은 이만 오천 원으로 준거점 대비 40% 인상되었다.

자료해석

1 다음은 지역별 특허 출원 건수 추이를 나타낸 예시자료이다. 각 지역의 특허 출원 건수의 평균 증가량으로 2023년의 수도권을 제외한 특허 출원 건수를 예측한 값으로 옳은 것은? (단, 계산 완료 후 소수 첫째 자리에서 반올림)

〈지방, 수도권, 서울의 특허 출원 건수〉

(단위 : 천 건)

년도	지방	수도권	서울
2018	124	88	43
2019	124	84	42
2020	130	85	42
2021	138	89	43
2022	144	84	44

① 190

② 191

③ 192

④ 193

 지방의 특허 출원 건수의 평균 증가량은 $\dfrac{0+6+8+6}{4}=5$이고, 서울의 특허 출원 건수의 평균 증가량은 $\dfrac{-1+0+1+1}{4}=0.25$이다. 따라서 2023년의 수도권을 제외한 특허 출원 건수를 예측한 값은 $(144+5)+(44+0.25)=193.25$로 소수 첫째 자리에서 반올림하면 193이다.

2 다음은 포스코 사원들의 지난 1주일간 운동 일수를 조사한 결과이다. 지난 1주일 동안 2일 운동한 사원수는 몇 명인가?

평균 운동 일수	사원수(명)	평균 운동 일수	사원수(명)
운동 안 함	10	4일	5
1일	4	5일	7
2일	(?)	6일	9
3일	3	7일	2
		합계	45

① 4명   ② 5명

③ 6명   ④ 7명

✔해설 총 사원수가 45명이므로 45 − (10 + 4 + 3 + 5 + 7 + 9 + 2) = 5명이다.

3 다음은 신재생 에너지 및 절약 분야 사업 현황이다. '신재생 에너지' 분야의 사업별 평균 지원액이 '절약 분야의 사업별 평균 지원액의 5배 이상이 되기 위한 사업 수의 최대 격차는? (단, '신재생 에너지' 분야의 사업 수는 '절약 분야의 사업 수보다 큼)

(단위 : 억 원, %, 개)

구분	신재생 에너지	절약	합
지원금(비율)	3,500(85.4)	600(14.6)	4,100(100.0)
사업 수	( )	( )	600

① 44개   ② 46개

③ 48개   ④ 54개

✔해설 '신재생 에너지' 분야의 사업 수를 x, '절약 분야의 사업 수를 y라고 하면

$x + y = 600$ …… ㉠

$\dfrac{3,500}{x} \geq 5 \times \dfrac{600}{y}$ → (양 변에 xy 곱함) → $3,500y \geq 3,000x$ …… ㉡

㉠, ㉡을 연립하여 풀면 $y \geq 276.92 \cdots$

따라서 '신재생 에너지' 분야의 사업별 평균 지원액이 '절약 분야의 사업별 평균 지원액의 5배 이상이 되기 위한 사업 수의 최대 격차는 '신재생 에너지' 분야의 사업 수가 323개, '절약 분야의 사업 수가 277개일 때로 46개이다.

4   다음은 가구당 순자산 보유액 구간별 가구 분포에 관련된 예시표이다. 이 표를 바탕으로 이해한 내용으로 가장 적절한 것은?

〈가구당 순자산 보유액 구간별 가구 분포〉

(단위 : %, %p)

순자산(억 원)	가구분포		
	2021년	2022년	전년차(비)
−1 미만	0.2	0.2	0.0
−1~0 미만	2.6	2.7	0.1
0~1 미만	31.9	31.2	−0.7
1~2 미만	19.1	18.5	−0.6
2~3 미만	13.8	13.5	−0.3
3~4 미만	9.5	9.4	−0.1
4~5 미만	6.3	6.8	0.5
5~6 미만	4.4	4.6	0.2
6~7 미만	3.0	3.2	0.2
7~8 미만	2.0	2.2	0.2
8~9 미만	1.5	1.5	0.0
9~10 미만	1.2	1.2	0.0
10 이상	4.5	5.0	0.5
평균(만 원)	29,918	31,142	4.1
중앙값(만 원)	17,740	18,525	4.4

① 순자산 보유액이 많은 가구보다 적은 가구의 2022년 비중이 전년보다 더 증가하였다.

② 순자산이 많은 가구의 소득은 2021년 대비 2022년에 더 감소하였다.

③ 소수의 사람들이 많은 순자산을 가지고 있다.

④ 2022년의 순자산 보유액이 3억 원 미만인 가구는 전체의 50%가 조금 안 된다.

✔해설   2022년을 기준으로 볼 때, 중앙값이 1억 8,525만 원이며, 평균이 3억 1,142만 원임을 알 수 있다. 중앙값이 평균값에 비해 매우 적다는 것은 소수의 사람들에게 순자산 보유액이 집중되어 있다는 것을 의미한다고 볼 수 있다.

　① 순자산 보유액 구간의 중간인 '4~5' 미만 기준으로 구분해 보면, 상대적으로 순자산 보유액이 많은 가구가 적은 가구보다 2022년 비중이 전년보다 더 증가하였다.

　② 주어진 표로 가구의 소득은 알 수 없다.

　④ 전체의 66.1%를 차지한다.

Answer   2.② 3.② 4.③

5 다음은 A시의 연도별·혼인종류별 건수와 관련된 예시자료이다. 빈 칸 ㉠, ㉡에 들어갈 알맞은 수치는 얼마인가?

〈A시의 연도별·혼인종류별 건수〉

(단위 : 건)

구분		2013	2014	2015	2016	2017	2018	2019	2020	2021	2022
남자	초혼	279	270	253	274	278	274	272	257	253	㉠
	재혼	56	58	52	53	47	55	48	47	45	㉡
여자	초혼	275	266	248	269	270	272	267	255	249	231
	재혼	60	62	57	58	55	57	53	49	49	49

(단위 : 건)

구분	2013	2014	2015	2016	2017	2018	2019	2020	2021	2022
남(초) + 여(초)	260	250	235	255	260	255	255	241	( )	( )
남(재) + 여(초)	15	16	13	14	10	17	12	14	( )	( )
남(초) + 여(재)	19	20	18	19	18	19	17	16	( )	( )
남(재) + 여(재)	41	42	39	39	37	38	36	33	( )	( )

※ 초 : 초혼, 재 : 재혼

구분	2021년의 2013년 대비 증감 수	2020~2022년의 연평균 건수
남(초) + 여(초)	-22	233
남(재) + 여(초)	-4	12
남(초) + 여(재)	-4	16
남(재) + 여(재)	-7	33

① 237, 53

② 240, 55

③ 237, 43

④ 240, 43

✔ **해설** 주어진 자료를 근거로 괄호 안의 숫자를 채우면 다음과 같다.

구분	2021년	2022년
남(초) + 여(초)	260 - 22 = 238	$(241 + 238 + x) \div 3 = 233$, $x = 220$
남(재) + 여(초)	15 - 4 = 11	$(14 + 11 + x) \div 3 = 12$, $x = 11$
남(초) + 여(재)	19 - 4 = 15	$(16 + 15 + x) \div 3 = 16$, $x = 17$
남(재) + 여(재)	41 - 7 = 34	$(33 + 34 + x) \div 3 = 33$, $x = 32$

따라서 ㉠은 초혼 남자이므로 '남(초) + 여(초)'인 220명과 '남(초) + 여(재)'인 17명의 합인 237명이 되며, ㉡은 재혼 남자이므로 '남(재) + 여(초)'인 11명과 '남(재) + 여(재)'인 32명의 합인 43명이 된다.

6 다음은 X사의 2022년 추진 과제의 전공별 연구책임자 현황에 대한 자료이다. 전체 연구책임자 중 공학 전공의 연구책임자가 차지하는 비율과 전체 연구책임자 중 의학전공의 B그룹 연구책임자가 차지하는 비율의 차이는? (단, 소수 둘째 자리에서 반올림한다)

(단위 : 명, %)

전공 \ 연구책임자	A그룹		B그룹	
	연구책임자 수	비율	연구책임자 수	비율
이학	2,833	14.8	701	30.0
공학	11,680	61.0	463	19.8
농학	1,300	6.8	153	6.5
의학	1,148	6.0	400	17.1
인문사회	1,869	9.8	544	23.3
기타	304	1.6	78	3.3
계	19,134	100.0	2,339	100.0

① 51.1%p

② 52.3%p

③ 53.5%p

④ 54.7%p

 해설 • 전체 연구책임자 중 공학전공의 연구책임자가 차지하는 비율

$$\frac{11,680+463}{19,134+2,339}\times100 = \frac{12,143}{21,473}\times100 ≒ 56.6\%$$

• 전체 연구책임자 중 의학전공의 B그룹 연구책임자가 차지하는 비율

$$\frac{400}{19,134+2,339}\times100 = \frac{400}{21,473}\times100 ≒ 1.9\%$$

따라서 전체 연구책임자 중 공학전공의 연구책임자가 차지하는 비율과 전체 연구책임자 중 의학전공의 B그룹 연구책임자가 차지하는 비율의 차이는 56.6 − 1.9 = 54.7%p이다.

Answer 5.③ 6.④

7 다음은 P사의 계열사 중 철강과 지원 분야에 관한 자료이다. 다음을 이용하여 A, B, C 중 두 번째로 큰 값은? (단, 지점은 역할에 따라 실, 연구소, 공장, 섹션, 사무소 등으로 구분되며, 하나의 지점은 1천 명의 직원으로 조직된다.)

구분	그룹사	편제	직원 수(명)
철강	PO강판	1지점	1,000
	PONC	2지점	2,000
지원	PO메이트	실 10지점, 공장 A지점	( )
	PO터미날	실 5지점, 공장 B지점	( )
	PO기술투자	실 7지점, 공장 C지점	( )
	PO휴먼스	공장 6지점, 연구소 1지점	( )
	PO인재창조원	섹션 1지점, 사무소 1지점	2,000
	PO경영연구원	1지점	1,000
계		45지점	45,000

• PO터미날과 PO휴먼스의 직원 수는 같다.
• PO메이트의 공장 수는 PO휴먼스의 공장 수의 절반이다.
• PO메이트의 공장 수와 PO터미날의 공장 수를 합하면 PO기술투자의 공장 수와 같다.

① 3
② 4
③ 5
④ 6

✔ 해설 • 총 45지점이므로 $A+B+C=10$
• PO터미날과 PO휴먼스의 직원 수가 같으므로 $5+B=6+1$, $\therefore B=2$
• PO메이트의 공장 수는 PO휴먼스의 공장 수의 절반이므로 $\therefore A=6\times\frac{1}{2}=3$
• PO메이트의 공장 수와 PO터미날의 공장 수를 합하면 PO기술투자의 공장 수와 같으므로 $A+B=C$, $\therefore C=5$
따라서 $A=3$, $B=2$, $C=5$이므로 두 번째로 큰 값은 3(A)이다.

8 다음은 사무용 물품의 조달단가와 구매 효용성을 나타낸 것이다. 20억 원 이내에서 구매예산을 집행한다고 할 때, 정량적 기대효과 총합의 최댓값은? (단, 각 물품은 구매하지 않거나, 1개만 구매 가능하며 구매효용성 $= \dfrac{\text{정량적 기대효과}}{\text{조달단가}}$ 이다.)

구분 \ 물품	A	B	C	D	E	F	G	H
조달단가(억 원)	3	4	5	6	7	8	10	16
구매 효용성	1	0.5	1.8	2.5	1	1.75	1.9	2

① 35

② 36

③ 37

④ 38

 해설

구분 \ 물품	A	B	C	D	E	F	G	H
조달단가(억 원)	3	4	5	6	7	8	10	16
구매 효용성	1	0.5	1.8	2.5	1	1.75	1.9	2
정량적 기대효과	3	2	9	15	7	14	19	32

따라서 20억 원 이내에서 구매예산을 집행한다고 할 때, 정량적 기대효과 총합이 최댓값이 되는 조합은 C, D, F로 9 + 15 + 14 = 38이다.

9 다음은 연도별 임신과 출산 관련 진료비에 관한 예시자료이다. 2017년 대비 2022년에 가장 높은 증가율을 보인 항목은? (단, 소수 둘째 자리에서 반올림한다)

(단위 : 억 원)

진료항목 \ 연도	2017	2018	2019	2020	2021	2022
분만	3,295	3,008	2,716	2,862	2,723	2,909
검사	97	395	526	594	650	909
임신장애	607	639	590	597	606	619
불임	43	74	80	105	132	148
기타	45	71	53	52	54	49
전체	4,087	4,187	3,965	4,210	4,165	4,634

① 분만
② 검사
③ 임신장애
④ 불임

✔ 해설 ① 분만 : $\frac{2,909-3,295}{3,295} \times 100 ≒ -11.7\%$

② 검사 : $\frac{909-97}{97} \times 100 ≒ 837.1\%$

③ 임신장애 : $\frac{619-607}{607} \times 100 ≒ 2.0\%$

④ 불임 : $\frac{148-43}{43} \times 100 ≒ 244.2\%$

10 다음은 5년간 혼인형태별 평균연령에 관한 예시자료이다. A~E에 들어갈 값으로 옳지 않은 것은? (단, 남성의 나이는 여성의 나이보다 항상 많다)

(단위 : 세)

연도	평균 초혼연령			평균 이혼연령			평균 재혼연령		
	여성	남성	남녀차	여성	남성	남녀차	여성	남성	남녀차
2018	24.8	27.8	3.0	C	36.8	4.1	34.0	38.9	4.9
2019	25.4	28.4	A	34.6	38.4	3.8	35.6	40.4	4.8
2020	26.5	29.3	2.8	36.6	40.1	3.5	37.5	42.1	4.6
2021	27.0	B	2.8	37.1	40.6	3.5	37.9	E	4.3
2022	27.3	30.1	2.8	37.9	41.3	D	38.3	42.8	4.5

① B — 29.8

② C -- 32.7

③ D — 3.4

④ E — 42.3

✔해설 ④ E에 들어갈 값은 37.9 + 4.3 = 42.2이다.

11 다음은 2020~2022년도의 지방자치단체 재정력지수에 대한 예시자료이다. 매년 지방자치단체의 기준
재정수입액이 기준재정수요액에 미치지 않는 경우, 중앙정부는 그 부족분만큼의 지방교부세를 당해년
도에 지급한다고 할 때, 3년간 지방교부세를 지원받은 적이 없는 지방자치단체는 모두 몇 곳인가?

$$(재정력지수 = \frac{기준재정수입액}{기준재정수요액})$$

연도 지방 자치단체	2020	2021	2022	평균
서울	1.106	1.088	1.010	1.068
부산	0.942	0.922	0.878	0.914
대구	0.896	0.860	0.810	0.855
인천	1.105	0.984	1.011	1.033
광주	0.772	0.737	0.681	0.730
대전	0.874	0.873	0.867	0.871
울산	0.843	0.837	0.832	0.837
경기	1.004	1.065	1.032	1.034
강원	0.417	0.407	0.458	0.427
충북	0.462	0.446	0.492	0.467
충남	0.581	0.693	0.675	0.650
전북	0.379	0.391	0.408	0.393
전남	0.319	0.330	0.320	0.323
경북	0.424	0.440	0.433	0.432
경남	0.653	0.642	0.664	0.653

① 0곳   ② 1곳

③ 2곳   ④ 3곳

✔해설 재정력지수가 1 이상이면 지방교부세를 지원받지 않는다. 따라서 3년간 지방교부세를 지원받은 적이
없는 지방자치단체는 서울, 경기 두 곳이다.

12 다음은 푸르미네의 에너지 사용량과 연료별 탄소배출량 및 수종(樹種)별 탄소흡수량을 나타낸 것이다. 푸르미네 가족의 월간 탄소배출량과 나무의 월간 탄소흡수량을 같게 하기 위한 나무의 올바른 조합을 고르면?

■ 푸르미네의 에너지 사용량

연료	사용량
전기	420kWh/월
상수도	40m³/월
주방용 도시가스	60m³/월
자동차 가솔린	160ℓ/월

■ 연료별 탄소배출량

연료	탄소배출량
전기	0.1kg/kWh
상수도	0.2kg/m³
주방용 도시가스	0.3kg/m³
자동차 가솔린	0.5kg/ℓ

■ 수종별 탄소흡수량

수종	탄소흡수량
소나무	14kg/그루·월
벚나무	6kg/그루·월

① 소나무 4그루와 벚나무 12그루

② 소나무 6그루와 벚나무 9그루

③ 소나무 7그루와 벚나무 10그루

④ 소나무 8그루와 벚나무 6그루

✔ 해설 • 푸르미네 가족의 월간 탄소배출량은

$(420 \times 0.1) + (40 \times 0.2) + (60 \times 0.3) + (160 \times 0.5) = 42 + 8 + 18 + 80 = 148$kg이다.

• 소나무 8그루와 벚나무 6그루를 심을 경우 흡수할 수 있는 탄소흡수량은

$(14 \times 8) + (6 \times 6) = 112 + 36 = 148$kg/그루·월로 푸르미네 가족의 월간 탄소배출량과 같다.

13 다음은 2006년 인구 상위 10개국과 2056년 예상 인구 상위 10개국에 대한 자료이다. 이에 대한 설명 중 옳지 않은 것을 고르면?

(단위 : 백만 명)

구분\순위	2006년		2056년(예상)	
	국가	인구	국가	인구
1	중국	1,311	인도	1,628
2	인도	1,122	중국	1,437
3	미국	299	미국	420
4	인도네시아	225	나이지리아	299
5	브라질	187	파키스탄	295
6	파키스탄	166	인도네시아	285
7	방글라데시	147	브라질	260
8	러시아	146	방글라데시	231
9	나이지리아	135	콩고	196
10	콩고	128	러시아	145

① 2006년 대비 2056년 콩고의 인구는 50% 이상 증가할 것으로 예상된다.

② 2006년 대비 2056년 러시아의 인구는 감소할 것으로 예상된다.

③ 2006년 대비 2056년 인도의 인구 증가율은 중국의 인구 증가율보다 낮을 것으로 예상된다.

④ 2006년 대비 2056년 미국의 인구 증가율은 중국의 인구 증가율보다 높을 것으로 예상된다.

✔해설 ③ 2006년 대비 2056년 인도의 인구 증가율 $= \dfrac{1,628-1,122}{1,122} \times 100 ≒ 45.1\%$

2006년 대비 2056년 중국의 인구 증가율 $= \dfrac{1,437-1,311}{1,311} \times 100 ≒ 9.6\%$

① 2006년 대비 2056년 콩고의 인구 증가율 $= \dfrac{196-128}{128} \times 100 = 53.125\%$

② 2006년 러시아의 인구는 146(백만 명), 2056년 러시아의 인구는 145(백만 명)

④ 2006년 대비 2056년 미국의 인구 증가율 $= \dfrac{420-299}{299} \times 100 ≒ 40.5\%$

2006년 대비 2056년 중국의 인구 증가율 $= \dfrac{1,437-1,311}{1,311} \times 100 ≒ 9.6\%$

14 다음은 A~E 5대의 자동차별 속성과 연료 종류별 가격에 관한 자료이다. 60km를 운행하는 데에 연료비가 가장 많이 드는 자동차는?

■ 자동차별 속성

특성 자동차	사용연료	최고시속(km/h)	연비(km/l)	연료탱크용량(l)
A	휘발유	200	10	60
B	LPG	160	8	60
C	경유	150	12	50
D	휘발유	180	20	45
E	경유	200	8	50

■ 연료 종류별 가격

연료 종류	리터당 가격(원/l)
휘발유	1,700
LPG	1,000
경유	1,500

① B

② C

③ D

④ E

✔해설 60km를 운행할 때 연료비는
① B의 연료비 : 60/8 × 1,000 = 7,500원
② C의 연료비 : 60/12 × 1,500 = 7,500원
③ D의 연료비 : 60/20 × 1,700 = 5,100원
④ E의 연료비 : 60/8 × 1,500 = 11,250원

15 다음은 ○○시의 시장선거에서 응답자의 종교별 후보지지 설문조사 결과이다. ㈐의 값은? (단, ㈎와 ㈏의 응답자 수는 같다)

(단위 : 명)

후보 \ 응답자의 종교	불교	개신교	가톨릭	기타	합
A	130	㈎	60	300	( )
B	260	( )	30	350	740
C	( )	㈏	45	300	㈐
D	65	40	15	( )	( )
계	650	400	150	1,000	2,200

① 670

② 650

③ 630

④ 610

✔ 해설 빈칸을 채우면 다음과 같다.

후보 \ 응답자의 종교	불교	개신교	가톨릭	기타	합
A	130	㈎ 130	60	300	(620)
B	260	(100)	30	350	740
C	(195)	㈏ 130	45	300	㈐ 670
D	65	40	15	(50)	(170)
계	650	400	150	1,000	2,200

16 다음은 산업재산권 유지를 위한 등록료에 관한 자료이다. 다음 중 권리 유지비용이 가장 많이 드는 것은? (단, 특허권, 실용신안권의 기본료는 청구범위의 항 수와는 무관하게 부과되는 비용으로 청구범위가 1항인 경우 기본료와 1항에 대한 가산료가 부과된다)

(단위 : 원)

구분 권리	설정등록료 (1~3년분)		연차등록료			
			4~6년차	7~9년차	10~12년차	13~15년차
특허권	기본료	81,000	매년 60,000	매년 120,000	매년 240,000	매년 480,000
	가산료 (청구범위의 1항마다)	54,000	매년 25,000	매년 43,000	매년 55,000	매년 68,000
실용 신안권	가산료	60,000	매년 40,000	매년 80,000	매년 160,000	매년 320,000
	가산료 (청구범위의 1항마다)	15,000	매년 10,000	매년 15,000	매년 20,000	매년 25,000
디자인권	75,000		매년 35,000	매년 70,000	매년 140,000	매년 280,000
상표권	211,000 (10년분)		10년 연장 시 256,000			

① 청구범위가 3항인 특허권에 대한 3년간의 권리 유지
② 청구범위가 1항인 특허권에 대한 4년간의 권리 유지
③ 청구범위가 3항인 실용신안권에 대한 5년간의 권리 유지
④ 한 개의 디자인권에 대한 7년간의 권리 유지

 해설 ④ 75,000 + (35,000 × 3) + 70,000 = 250,000원
　　　① 81,000 + (54,000 × 3) = 243,000원
　　　② 81,000 + 54,000 + 25,000 = 160,000원
　　　③ 60,000 + (15,000 × 3) + (10,000 × 2) = 125,000원

17~18 | 다음 표는 성, 연령집단 및 교육수준별 삶의 만족도에 관한 예시표이다. 다음 표를 보고 물음에 답하시오.

(단위 : %)

		2012	2015	2018	2020	2021	2022
전체	전체	20.4	28.9	20.9	24.1	33.3	34.1
	만족도 점수	4.7	4.8	4.6	4.9	5.4	5.5
성별	남자	21	29.4	22.3	24.4	33.6	34.6
	여자	19.9	28.5	19.5	23.9	33	33.6
연령집단	20세 미만	25.5	35.9	23.8	36.1	47.8	48
	20 ~ 29세	22.9	31.1	23	26.1	36.1	38.9
	30 ~ 39세	23.1	33	24.1	26.1	36.4	39.6
	40 ~ 49세	18.8	28.1	22.5	25.7	34.2	36
	50 ~ 59세	16.4	24.3	19.4	21.1	28.5	27.5
	60세 이상	16.3	22.9	13.6	14.5	23.6	22.1
교육수준	초졸 이하	14.6	21	10.7	16.2	25.8	24.7
	중졸	17.1	25.7	17.1	22.1	31.1	28.8
	고졸	19	26.5	17.7	20.8	30.4	29.9
	대졸 이상	29.6	39.4	31.6	33	41.5	45.4

* 만족도 : "귀하의 생활을 전반적으로 고려할 때 현재 삶에 어느 정도 만족하십니까?"라는 질문에 대하여 "매우 만족"과 "약간 만족"의 응답비율을 합한 것
* 만족도점수 : "매우 만족"에 10점, "약간 만족"에 7.5점, "보통"에 5점, "약간 불만족"에 2.5점, "매우 불만족"에 0점을 부여하여 산출한 응답 평균 점수

17 위의 표에 대한 설명으로 옳지 않은 것은?

① 대체로 교육수준이 높을수록 삶의 만족도가 높다.

② 대체로 연령이 낮을수록 삶의 만족도가 높다.

③ 20세 미만의 경우 2022년에는 거의 과반수가 "매우 만족" 또는 "약간 만족"이라고 응답했다.

④ 전체집단의 삶의 만족도는 점점 증가하고 있다.

✔해설 ④ 전체집단의 삶의 만족도는 2018년에 감소했다.

18 2021년 응답 대상자 중 여자가 24,965(천 명)이라고 한다면, 2021년 응답 대상자 중 질문에 대하여 "매우 만족"과 "약간 만족"에 응답한 여자는 총 몇 명인가?

① 8,238,440명

② 8,238,450명

③ 8,238,460명

④ 8,238,470명

✔해설 $24,965,000 \times 0.33 = 8,238,450$

│19~20│ 다음 표는 가구 월평균 교통비 지출액 및 지출율에 관한 예시표이다. 다음 표를 보고 물음에 답하시오.

(단위 : 천 원, %)

		2017	2018	2019	2020	2021	2022
월평균 교통비 (천 원)	전체	271	295	302	308	334	322
	개인교통비	215	238	242	247	271	258
	대중교통비	56	57	60	61	63	63
교통비 지출율 (%)	전체	11.9	12.3	12.3	12.4	13.1	12.5
	개인교통비	9.4	9.9	9.8	10	10.6	10.1
	대중교통비	2.4	2.4	2.4	2.4	2.5	2.5

* 교통비 지출율 : 가구 월평균 소비지출 중 교통비가 차지하는 비율
* 개인교통비 : 자동차 구입비, 기타 운송기구(오토바이, 자전거 등) 구입비, 운송기구 유지 및 수리비(부품 및 관련용품, 유지 및 수리비), 운송기구 연료비, 기타 개인교통서비스(운전교습비, 주차료, 통행료, 기타 개인교통) 등 포함
* 대중교통비 : 철도운송비, 육상운송비, 기타운송비(항공, 교통카드 이용, 기타 여객운송) 등 포함

19 위의 표에 대한 설명으로 옳은 것은?

① 2017년 월평균 교통비에서 개인교통비는 80% 이상을 차지한다.
② 2018년 월평균 교통비에서 대중교통비는 20% 이상을 차지한다.
③ 2019년 월평균 교통비에서 개인교통비는 80% 이상을 차지한다.
④ 전체 월평균 교통비는 해마다 증가한다.

 해설 ③ 242÷302×100=80.13
① 215÷271×100=79.33
② 57÷295×100=19.32
④ 2022년에는 전체 월평균 교통비가 감소했다.

20 2022년의 가구 월평균 소비지출은 얼마인가?

① 2,573,000원   ② 2,574,000원
③ 2,575,000원   ④ 2,576,000원

해설 가구 월평균 소비지출 중 교통비가 차지하는 비율이 교통비 지출율이므로 이를 이용해서 2022년 가구 월평균 소비지출을 구할 수 있다.

2022년 가구 월평균 소비지출 = $\frac{322,000}{0.125}$ = 2,576,000원

21 다음은 OECD 가입 국가별 공공도서관을 비교한 예시표이다. 다음 중 바르게 설명한 것을 고르면?

국명	인구수	도서관수	1관당 인구수	장서수	1인당 장서수	기준년도
한국	49,268,928	607	81,168	54,450,217	1.11	2022
미국	299,394,900	9,198	31,253	896,786,000	3.1	2020
영국	59,855,742	4,549	13,158	107,654,000	1.8	2020
일본	127,998,984	3,111	41,144	356,710,000	2.8	2021
프랑스	60,798,563	4,319	14,077	152,159,000	2.51	2020
독일	82,505,220	10,339	7,980	125,080,000	1.5	2020

ㄱ 2022년 우리나라 공공도서관 수는 607개관으로 8만 1천명 당 1개관 수준으로 국제 간 비교 도서관 수와 이용자 서비스의 수준이 떨어진다.

ㄴ 우리나라의 1관당 인구수가 미국 대비 약 2.5배, 일본 대비 약 2배로 도서관 수가 OECD 선진국 대비 현저히 부족하다.

ㄷ 우리나라의 도서관수는 현재 미국이나, 일본의 2분의 1 수준이나 영국 등과는 비슷한 수준이다.

※ 단, 수치는 백의 자리에서 버림, 소수 둘째자리에서 반올림한다.

① ㄱ, ㄷ   ② ㄱ, ㄴ

③ ㄴ, ㄷ   ④ ㄴ, ㄹ

✔해설 ㄷ 미국이나 일본의 2분의 1 수준에도 미치지 못한다.

22 다음 제시된 〈도표〉는 외국인 직접투자의 '투자건수 비율'과 '투자금액 비율'을 투자규모에 따라 정리한 자료이다. 이에 대한 설명으로 옳은 것을 고르면?

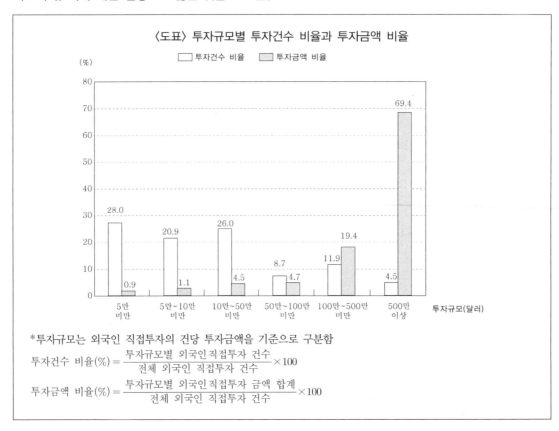

〈도표〉 투자규모별 투자건수 비율과 투자금액 비율

*투자규모는 외국인 직접투자의 건당 투자금액을 기준으로 구분함

$$투자건수\ 비율(\%) = \frac{투자규모별\ 외국인\ 직접투자\ 건수}{전체\ 외국인\ 직접투자\ 건수} \times 100$$

$$투자금액\ 비율(\%) = \frac{투자규모별\ 외국인\ 직접투자\ 금액\ 합계}{전체\ 외국인\ 직접투자\ 건수} \times 100$$

① 투자규모가 50만 달러 미만인 투자건수 비율은 75 % 이상이다.

② 투자규모가 100만 달러 이상인 투자금액 비율은 85 % 이하이다.

③ 투자규모가 100만 달러 이상인 투자건수는 5만 달러 미만의 투자건수보다 적다.

④ 투자규모가 100만 달러 이상인 투자건수는 전체 외국인 직접 투자건수의 25 % 이상이다.

✔ 해설 ③ 100만 달러 이상의 투자건수 비율은 16.4%(= 11.9 + 4.5), 5만 달러 미만의 투자건수 비율 28 %보다 적다.
① 투자규모가 50만 달러 미만인 투자건수 비율은 74.9 %(= 28 + 20.9 + 26)이다.
② 투자규모가 100만 달러 이상인 투자금액 비율은 88.8 %(= 19.4 + 69.4)이다.
④ 100만 달러 이상의 투자건수 비율은 16.4 %(= 11.9 + 4.5)이다.

23 다음 제시된 〈조건〉은 특허출원 수수료를 결정하는 계산식이다. 계산식에 의하여 산출된 사례를 정리한 〈표〉를 바탕으로 면당 추가료를 구하면?

<table>
<tr><td colspan="2" align="center">〈조건〉</td></tr>
<tr><td>특허출원 수수료</td><td>출원료 + 심사청구료</td></tr>
<tr><td>출원료</td><td>기본료 + (면당 추가료 × 전체면수)</td></tr>
<tr><td>심사청구료</td><td>청구항당 심사청구료 × 청구항수</td></tr>
</table>

*특허출원 수수료는 개인은 70 % 가 감면되고, 중소기업은 50 % 감면되지만, 대기업은 감면되지 않음

〈표〉 특허출원 수수료 사례

구분	사례 1	사례2	사례 3
	대기업	중소기업	개인
전체면수(장)	20	20	40
청구항수(개)	2	3	2
감면 후 수수료(원)	70,000	45,000	27,000

① 500원 ② 700원
③ 1,000원 ④ 1,200원

해설 면당 추가료를 x, 청구항당 심사청구료를 y라고 할 때
- 대기업 : 기본료 $+ 20x + 2y = 70,000 \cdots$ ㉠
- 중소기업 : 기본료 $+ 20x + 3y = 90,000$(∵ 50 % 감면 후 수수료가 45,000이므로) $\cdots$ ㉡
- 개인 : 기본료 $+ 40x + 2y = 90,000$(∵ 70 % 감면 후 수수료가 27,000이므로) $\cdots$ ㉢
㉡ − ㉠을 구하면, $y = 20,000$
㉢ − ㉡을 구하면, $20x - y = 0$
∴ $x = 1,000$(원)

|24~26| 다음은 화재피해자수와 피해액, 자연재해 피해자수와 피해액에 관한 예시표이다. 다음 표를 보고 물음에 답하시오.

〈표1〉 화재피해자수와 피해액

(단위 : 명, 백만 원)

		2018	2019	2020	2021	2022
화재피해자수(명)	합계	1,862	2,223	2,184	2,181	2,090
	사망	263	267	307	325	253
	부상	1,599	1,956	1,877	1,856	1,837
화재피해액(백만 원)		256,548	289,526	434,423	405,279	433,165

〈표2〉 자연재해 피해자수와 피해액

(단위 : 명, 백만 원)

	2018	2019	2020	2021	2022
사망자수(명)	78	16	4	2	0
이재민수(명)	70,099	18,356	4,233	7,691	92
자연재해 피해액(백만 원)	751,331	1,023,320	164,355	172,795	31,862

24 재해로 인한 사망자수(화재사망자수+자연재해 사망자수)가 가장 많은 해는 언제인가?

① 2018년   ② 2019년

③ 2020년   ④ 2021년

 해설 ① 263+78=341
② 267+16=283
③ 307+4=311
④ 325+2=327

25 화재피해자 중 사망자의 비율이 가장 높은 해는 언제인가?

① 2018년   ② 2019년

③ 2020년   ④ 2021년

 해설

④ $325 \div 2{,}181 = 0.1490$

① $263 \div 1{,}862 = 0.1412$

② $267 \div 2{,}223 = 0.1201$

③ $307 \div 2{,}184 = 0.1405$

26 자연재해 이재민 1명 당 자연재해 피해액이 가장 큰 해는 언제인가?

① 2019년   ② 2020년

③ 2021년   ④ 2022년

 해설

④ $31{,}862 \div 92 = 346.32$

① $1{,}023{,}320 \div 18{,}356 = 55.74$

② $164{,}355 \div 4{,}233 = 38.82$

③ $172{,}795 \div 7{,}691 = 22.46$

27 다음 〈표〉는 2019~2022년 사업자 유형에 따른 등록 현황 예시자료이다. 이에 대한 〈보기〉의 설명으로 적절하지 않은 것을 모두 고른 것은? (단, 사업자 유형은 법인사업자, 일반사업자, 간이사업자, 면세사업자로만 구분된다.)

〈표〉 2019~2022 사업자 유형별 등록 현황

(단위 : 천 명)

유형 \ 연도		2019	2020	2021	2022
법인사업자	등록사업자	420	450	475	
	신규등록자	65		75	80
	폐업신고자	35	45		55
일반사업자	등록사업자	2,200		2,405	2,455
	신규등록자	450	515		450
	폐업신고자	350	410	400	
간이사업자	등록사업자	1,720	1,810		1,950
	신규등록자	380	440	400	
	폐업신고자	310		315	305
면세사업자	등록사업자	500	515	540	565
	신규등록자	105	100	105	105
	폐업신고자	95	85	80	80
전체 등록업자		4,840	5,080	5,315	5,470

* 당해년도 등록사업자 수= 직전년도 등록사업자 수 + 당해년도 신규 등록자 수 − 당해년도 폐업신고자 수
* 각 유형의 사업자 수는 해당 유형의 등록사업자 수를 의미함

〈보기〉
㉠ 2020~2022년 동안 전체 등록사업자 수의 전년대비 증가율은 매년 감소하였다.
㉡ 2019~2022년 동안 일반사업자 중에서 폐업신고자 수가 가장 많았던 연도와 법인사업자 중에서 폐업신고자 수가 가장 많았던 연도는 동일하다.
㉢ 2019~2022년 동안 전체 등록사업자 수 중 간이사업자 수와 면세사업자 수가 차지하는 비중의 합은 매년 50% 이상이다.

① ㉠
② ㉠, ㉡
③ ㉢
④ ㉡, ㉢

✔ 해설 ⓛ '당해년도 등록사업자 수 = 직전년도 등록사업자 수 + 당해년도 신규 등록자 수 − 당해년도 폐업신고자 수'이므로

- 일반사업자의 2022년 폐업신고자 수 : 400(천 명) → 일반사업자 폐업신고자 수는 2020년이 410(천 명)으로 가장 많다.
- 법인사업자의 2021년 폐업신고자 수 : 50(천 명) → 법인사업자 폐업신고자 수는 2022년이 55(천 명)으로 가장 많다.
  따라서 ⓛ은 옳지 않다.

ⓒ 2019년, 2020년, 2022년 모두 간이사업자와 면세사업자의 등록사업자의 합이 전체 등록사업자의 절반 미만이다. 따라서 ⓒ은 옳지 않다.

ⓖ 증가율 계산의 분모가 되는 전년값은 커지고 있지만 분자가 되는 증가 수는 적어지고 있으므로 증가율이 하락하고 있다.

Answer 27.④

28 다음 〈표〉는 H시의 전체 가구를 대상으로 원전사고 전·후의 식수 조달원 변경 사항을 조사한 결과이다. 이에 대한 설명으로 옳지 않은 것은? (단, H시의 식수 조달원은 수돗물, 정수, 약수, 생수뿐이다.)

〈표〉 원전 사고 전·후 H시 조달원별 가구 수

(단위 : 천 가구)

사고 전 \ 사고 후	수돗물	정수	약수	생수
수돗물	40	30	20	30
정수	10	50	10	30
약수	20	10	10	40
생수	10	10	10	40

* H시의 각 가구는 한 종류의 식수 조달원만 이용함

① 원전 사고 전에는 식수 조달원으로 수돗물을 이용하는 가구 수가 가장 많았다.

② 원전 사고 전에 비해 원전 사고 후에 이용 가구 수가 감소한 식수 조달원은 2개이다.

③ 원전 사고 전·후 식수 조달원을 변경한 가구 수는 전체 가구 수의 60%를 초과한다.

④ 원전 사고 전 식수 조달원으로 정수를 이용하던 가구는 원전 사고 후에도 정수를 이용한다.

✔해설 ④ 사고 전 정수를 이용하던 100가구 중에서 50가구만이 원전사고 후에도 정수를 이용하고 있으므로 옳지 않다.

사고 전 \ 사고 후	수돗물	정수	약수	생수	계
수돗물	40	30	20	30	120
정수	10	50	10	30	100
약수	20	10	10	40	80
생수	10	10	10	40	70
계	80	100	50	140	370

① 120(천 가구)으로 원전사고 전에는 수돗물을 식수 조달원으로 사용하는 가구 수가 가장 많았다.

② 원전사고 후 식수 조달원으로 수돗물과 약수를 이용하는 가구 수가 감소하였다.

③ 식수 조달원을 변경하지 않은 가구 수는 140(천 가구)으로 전체 370(천 가구)의 40% 미만이다. 따라서 식수 조달원을 변경한 가구 수는 60% 초과이다.

29 다음 〈표〉는 5종류의 작물의 재배 특성에 관한 자료이다. 이에 따를 때 〈보기〉에서 적절하지 않은 것을 모두 고르면? (단, 모든 재배 결과는 항상 〈표〉의 특성을 따름)

〈표〉 작물의 재배 특성

재배 특성 \ 작물	A	B	C	D	E
1m²당 파종 씨앗 수(개)	60	80	50	25	50
발아율(%)	25	25	20	20	16
1m²당 연간 수확물(개)	40	100	30	10	20
수확물 개당 무게(g)	20	15	30	60	50

* 발아율(%) = $\dfrac{\text{발아한 씨앗 수}}{\text{파종 씨앗 수}} \times 100$

* 연간 수확물(개)=1m²당 연간 수확물(개)×재배면적(m²)

〈보기〉
㉠ 20m²의 밭에 C의 씨앗을 파종할 때, 발아한 씨앗 수는 200개이다.
㉡ 100m²의 밭 전체 면적을 1/5씩 나누어 서로 다른 작물의 씨앗을 각각 파종하면, 밭 전체 연간 수확물의 총무게는 94kg 이하이다.
㉢ 5종류의 작물을 각각 연간 3kg씩 수확하기 위해 필요한 밭의 총면적은 16m²보다 작다.

① ㉠

② ㉡

③ ㉢

④ ㉡, ㉢

✔해설 ㉡ '수확물 총무게 = 면적(m²) × 1m²당 연간 수확물 무게 1/5'은 각각 20m²이므로 20을 먼저 묶는다. 따라서 각 작물별 1m²당 연간 수확물 무게(=1m²당 연간 수확물 개수 × 수확물 개당 무게)를 합산한 값에 20을 곱한다.
20(40×20+100×15+30×30+10×60+20×50)
=20(800+1,500+900+600+1,000)
=20×4,800=96,000g → 96kg
㉢ 1m²당 A∼E의 연간 수확물 무게를 각각 계산하면 800g, 1,500g, 900g, 600g, 1,000g이다. 여기에 각각 어떤 수를 곱해야 3,000g을 만드는 지 순서대로 써보면 3.xx, 2, 3.xx, 5, 3이다. 따라서 이것을 합하면 16m²를 초과하게 된다.
㉠ 20m² × 50개 × 0.2 = 200개

30 다음 〈도표〉는 카페 선택 기준 5가지의 중요도 및 이들 기준에 대한 A와 B 카페의 성과도에 관한 자료이다. 이에 대한 〈보기〉의 설명 중 옳지 않은 것을 모두 고르면?

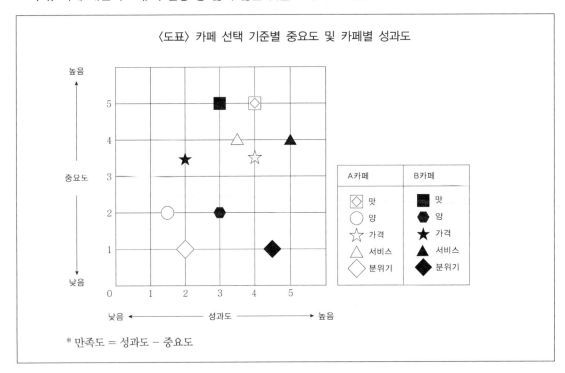

〈도표〉 카페 선택 기준별 중요도 및 카페별 성과도

* 만족도 = 성과도 − 중요도

〈보기〉

㉠ A카페는 3가지 기준에서 B 카페보다 성과도가 높다.
㉡ 만족도가 가장 높은 기준은 B 카페의 '분위기'이다.
㉢ A 카페와 B 카페 사이의 성과도 차이가 가장 큰 기준은 '가격'이다.
㉣ 중요도가 가장 높은 기준에서 A 카페가 B 카페 보다 성과도가 높다.

① ㉠, ㉡
② ㉠, ㉢
③ ㉡, ㉢
④ ㉡, ㉣

✔**해설** ㉠ A카페의 선택 기준이 B카페보다 오른쪽에 있는 것을 찾으면 '맛'과 '가격' 2가지이다.
㉢ 두 카페의 기준 좌표의 좌우 거리가 가장 벌어진 것을 찾는다. 이에 따르면 성과도 차이가 가장 큰 기준은 '가격'이 아닌 '분위기'이다.
㉡ (만족도 = 성과도 − 중요도)이다. 도표에서 각 속성의 위치와 원점을 연결하여 기울기가 가장 작은 것을 찾으면 B카페의 분위기가 만족도가 가장 높음을 알 수 있다.
㉣ 중요도가 가장 높은 기준은 가장 상위에 위치한 '맛' 기준이며, A카페의 '맛' 기준의 좌표가 B보다 오른쪽에 위치하여 성과도가 높음을 알 수 있다.

31 다음 〈표〉는 '일본, 중국, 한국, 베트남, 대만' 5개국의 GDP 대비 산업 생산액 비중에 관한 자료이다. 〈보기〉의 설명을 참고하여 '나', '마'에 해당하는 국가를 바르게 나열한 것은?

〈표〉 국가별 GDP 대비 산업 생산액 비중

(단위 : %)

국가 \ 산업	농업	제조업	서비스업	합
가	14	54	32	100
나	5	35	60	100
다	4	36	60	100
라	3	29	68	100
마	1	25	74	100

〈보기〉
㉠ 한국과 일본 각국의 GDP 대비 제조업 생산액 비중을 합하면 대만의 GDP 대비 제조업 생산액 비중과 같다.
㉡ 한국과 중국 각국의 GDP 대비 농업 생산액 비중을 합하면 베트남의 GDP 대비 농업 생산액 비중과 같다.

	나	마
①	베트남	한국
②	한국	중국
③	중국	한국
④	중국	일본

✔해설 ㉠ 가(= 대만), 라, 마(= 한국, 일본)임을 알 수 있다.
㉡ '나 = 다 + 마' 또는 '다 = 라 + 마'인데, 라, 마(= 한국, 일본)이므로 다, 마(= 한국, 중국)이어야 한다. 따라서 '마 = 한국, 나 = 베트남'임을 알 수 있다.

32 다음 제시된 〈자료〉는 포스코의 신입사원 그래의 하루 동안 활동경로를 나타낸 것이다. 이에 대한 〈보기〉의 설명 중 옳은 것을 모두 고르면?

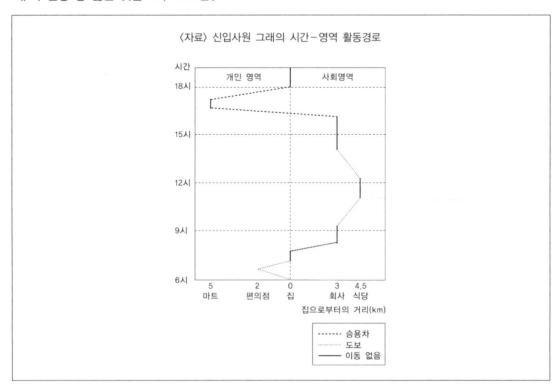

〈자료〉 신입사원 그래의 시간-영역 활동경로

〈보기〉
㉠ 집과 편의점 사이, 회사와 식당 사이는 각각 도보로 이동하였다.
㉡ 마트와 회사 사이의 거리가 마트와 편의점 사이의 거리보다 더 멀다.
㉢ 그래는 오전 동안 '집 → 편의점 → 회사 → 식당'의 경로로 이동하였다.
㉣ 회사에서 식당까지 가는데 걸린 시간은 집에서 회사까지 가는데 걸린 시간보다 더 길다.

① ㉠, ㉡   ② ㉠, ㉣
③ ㉡, ㉢   ④ ㉡, ㉣

✔해설 ㉠ 집과 편의점, 회사와 식당 사이는 도보로 표시되어 있다.
　　　 ㉣ 회사와 식당 사이의 이동경로와 집과 회사 사이의 이동경로를 비교하면 회사-식당 간 이동경로의 기울기가 더 크다. 따라서 걸린 시간이 더 길다는 것을 알 수 있다.
　　　 ㉡ 제시된 〈자료〉의 거리는 집을 기준으로 한 거리이므로, 마트와 회사 사이의 거리와 마트와 편의점 사이의 거리를 정확히 비교할 수는 없다.
　　　 ㉢ 오전 중 그래의 이동경로는 '집 - 편의점 - 집- 회사 - 식당'이다. 따라서 옳지 않은 설명이다.

33 다음은 M사 직원의 출장 횟수에 관한 자료이다. 이에 대한 설명 중 옳지 않은 것을 고르면? (단, 회당 출장 인원은 동일하며 제시된 자료에 포함되지 않은 해외 출장은 없다.)

■ 최근 9년간 본사 직원의 해외 법인으로의 출장 횟수

(단위 : 회)

구분	2014	2015	2016	2017	2018	2019	2020	2021	2022
유럽사무소	61	9	36	21	13	20	12	8	11
두바이사무소	9	0	5	6	2	3	9	1	8
아르헨티나사무소	7	2	24	15	0	2	4	0	6

■ 최근 5년간 해외 법인 직원의 본사로의 출장 횟수

(단위 : 회)

기간\지역	2018년	2019년	2020년	2021년	2022년
UAE	11	5	7	12	7
호주	2	30	43	9	12
브라질	9	11	17	18	32
아르헨티나	15	13	9	35	29
독일	11	2	7	5	6

① 최근 9년간 두바이사무소로 출장을 간 본사 직원은 아르헨티나사무소로 출장을 간 본사 직원 수보다 적다.

② 2018년 이후 브라질 지역의 해외 법인 직원이 본사로 출장을 온 횟수는 지속적으로 증가하였다.

③ 본사에서 유럽사무소로의 출장 횟수가 많은 해부터 나열하면 14년, 16년, 19년, 17년, 18년, 20년, 22년, 15년, 21년 순이다.

④ 2019~2020년에 UAE 지역의 해외 법인 직원이 본사로 출장을 온 횟수는 2020년 본사 직원이 유럽사무소로 출장을 간 횟수와 같다.

✔해설 ③ 본사에서 유럽사무소로의 출장 횟수가 많은 해부터 나열하면 14년, 16년, 17년, 19년, 18년, 20년, 22년, 15년, 21년 순이다.

34 다음은 어느 음식점의 메뉴별 판매비율을 나타낸 것이다. 2022년 메뉴 판매개수가 1,500개라면 A메뉴의 판매개수는 몇 개인가?

(단위 : %)

메뉴	2019년	2020년	2021년	2022년
A	17.0	26.5	31.5	36.0
B	24.0	28.0	27.0	29.5
C	38.5	30.5	23.5	15.5
D	14.0	7.0	12.0	11.5
E	6.5	8.0	6.0	7.5

① 512개
② 530개
③ 535개
④ 540개

 판매개수가 1,500개이며 2022년 A메뉴의 판매비율은 36%이므로 $1,500 \times \dfrac{36}{100} = 540$개가 된다.

35 다음 표는 어느 회사 직원들의 소득 수준에 따른 취미생활을 조사한 자료이다. 현재 소득 수준에서 가장 높은 비율을 차지하는 취미생활의 비율은 어떻게 되는가? (단, 가, 나, 다, 라, 마는 취미의 종류이다)

현재 소득 수준에 따른 취미생활	2배 향상된 소득 수준					총계
	가	나	다	라	마	
가	180	36	86	14	22	338
나	16	90	24	8	18	156
다	38	24	288	20	28	398
라	14	10	20	28	10	82
마	18	10	24	8	60	120
총계	266	170	442	78	138	1,094

① 32.3%
② 34.1%
③ 36.4%
④ 39.1%

 현재 소득 수준에서 가장 높은 비율을 차지하는 취미생활은 '다'이다.

따라서 '다'의 취미생활 비율은 $\dfrac{398}{1,094} \times 100 = 36.4(\%)$가 되게 된다.

36 다음 표는 2022년 서원기업의 신성장 동력사업에 관한 자료이다. 비용 대비 편익의 비율이 가장 낮은 사업은 무엇인가?

〈프로젝트별 편익과 비용 자료〉

(단위 : 억 원)

사업	편익(B)	비용(C)
A	12	40
B	35	100
C	15	30
D	30	70

① A사업
② B사업
③ C사업
④ D사업

 해설 A : $\frac{12}{40} \times 100 = 30$

B : $\frac{35}{100} \times 100 = 35$

C : $\frac{15}{30} \times 100 = 50$

D : $\frac{30}{70} \times 100 = 42.8$

37 다음은 국제 교류 재단에서 운영하는 국제 교류 사업의 기금 운영 명세 현황에 관한 예시표이다. 2022년 국제 교류 사업의 총 기금 운영비는 전년 대비 몇 % 증가하였는가? (단, 소수점 둘째 자리에서 반올림한다.)

(단위 : 백만 원)

구분 \ 연도	2018	2019	2020	2021	2022
계	13,596	17,179	18,866	24,425	26,941
한국학 기반 확대	5,370	7,853	6,453	9,212	9,835
한국 전문가 육성	3,128	3,286	3,490	4,259	5,262
인적 교류	1,306	1,401	1,782	2,971	3,588
문화 교류	1,850	2,350	4,482	4,750	4,849
출판 자료 지원	1,942	2,289	2,659	3,233	3,407

① 10.3% ② 10.6%

③ 11.3% ④ 11.6%

✔**해설** 전년 대비 2022년 운영비를 물어보았으므로 2022년과 2021년 국제 교류 사업 운영비만 비교해서 확인하면 되므로 $\frac{26{,}941 - 24{,}425}{24{,}425} \times 100 ≒ 10.3$가 되게 된다.

따라서 국제 교류 사업의 총 기금 운영비는 전년 대비 10.3% 증가하였다.

38 다음 표는 ㈎, ㈏, ㈐ 세 기업의 남자 사원 400명에 대해 현재의 노동 조건에 만족하는가에 관한 설문 조사를 실시한 결과이다. ㉠~㉣ 중에서 옳은 것은 어느 것인가?

구분	불만	어느 쪽도 아니다	만족	계
㈎ 회사	34	38	50	122
㈏ 회사	73	11	58	142
㈐ 회사	71	41	24	136
계	178	90	132	400

㉠ 이 설문 조사에서는 현재의 노동 조건에 대해 불만을 나타낸 사람은 과반수를 넘지 않는다.
㉡ 가장 불만 비율이 높은 기업은 ㈐ 회사이다.
㉢ '어느 쪽도 아니다'라고 회답한 사람이 가장 적은 ㈏ 회사는 가장 노동 조건이 좋은 기업이다.
㉣ 만족이라고 답변한 사람이 가장 많은 ㈏ 회사가 가장 노동 조건이 좋은 회사이다.

① ㉠, ㉡ ② ㉠, ㉢
③ ㉡, ㉢ ④ ㉡, ㉣

 해설 각사 조사 회답 지수를 100%로 하고 각각의 회답을 집계하면 다음과 같은 표가 된다.

구분	불만	어느 쪽도 아니다	만족	계
㈎ 회사	34(27.9)	38(31.1)	50(41.0)	122(100.0)
㈏ 회사	73(51.4)	11(7.7)	58(40.8)	142(100.0)
㈐ 회사	71(52.2)	41(30.1)	24(17.6)	136(100.0)
계	178(44.5)	90(22.5)	132(33.0)	400(100.0)

㉢ '어느 쪽도 아니다'라고 답한 사람이 가장 적다는 것은 만족이거나 불만으로 나뉘어져 있는 것만 나타내는 것이며 노동 조건의 좋고 나쁨과는 관계가 없다.
㉣ 만족을 나타낸 사람의 수가 ㈏ 회사가 가장 많았으나 142명 중 58명으로 40.8%이므로 ㈎회사의 41%보다 낮다.

39 다음은 국립 중앙 박물관, 공주 박물관, 부여 박물관의 세 박물관을 찾는 관람객의 연령층을 조사한 결과이다. 40세 미만의 관람객 수가 가장 많은 박물관의 10세 미만 관람객 수와 40세 미만의 관람객 수가 가장 적은 박물관의 10~19세 관람객 수의 차는 얼마인가?

구분	국립 중앙 박물관	공주 박물관	부여 박물관
10세 미만	3%	6%	2%
10~19세	22%	18%	12%
20~29세	29%	23%	25%
30~39세	20%	20%	25%
40~49세	17%	18%	16%
50세 이상	9%	15%	20%
총 인원수	40,000	28,000	25,000

① 1,200명   ② 1,400명

③ 1,600명   ④ 1,800명

✔ 해설 각 박물관을 찾은 40세 미만의 관람객 수를 구하면 국립 중앙 박물관은 $40,000 \times 0.74 = 29,600$명이고, 공주 박물관은 $28,000 \times 0.67 = 18,760$명이며, 부여 박물관은 $25,000 \times 0.64 = 16,000$명이다. 즉, 40세 미만의 관람객 수가 가장 많은 박물관은 국립 중앙 박물관이고, 가장 적은 박물관은 부여 박물관이다.

국립 중앙 박물관의 10세 미만 관람객 수는 $40,000 \times 0.03 = 1,200$명이고, 부여 박물관의 10~19세 관람객 수는 $25,000 \times 0.12 = 3,000$명이다.

따라서 두 경우의 관람객 수의 차는 $3,000 - 1,200 = 1,800$명이다.

40 다음 표는 우리나라의 지역별 기상통계에 관한 예시표이다. 이에 대한 설명으로 적절하지 않은 것은?

관측 지점별	2022. 11				2022. 12			
	평균 기온 (℃)	강수량 (mm)	평균 풍속 (m/s)	평균 습도 (%)	평균 기온 (℃)	강수량 (mm)	평균 풍속 (m/s)	평균 습도 (%)
속초	10.2	51.6	2.2	60.0	0.6	0.2	3.0	38.0
철원	5.6	42.2	1.3	70.0	−5.9	13.1	1.4	62.0
대관령	3.7	41.4	3.0	71.0	−6.7	11.7	5.9	61.0
서울	9.0	41.5	2.5	61.0	−2.9	17.9	2.8	56.0
인천	9.2	46.0	3.1	75.0	−2.1	24.3	4.1	70.0
울릉도	10.8	94.9	3.3	62.0	2.2	135.9	3.5	59.0
대전	8.5	40.7	1.2	77.0	−1.3	36.5	1.4	75.0
대구	10.3	45.3	1.5	60.0	1.2	5.5	2.4	47.0
부산	12.7	40.5	2.5	61.0	3.5	21.3	3.3	50.0
제주	13.9	100.3	3.1	68.0	7.3	47.2	4.9	64.0

① 2022년 11월에 평균 기온이 가장 높은 지역은 12월에도 평균 기온이 가장 높았다.

② 대구의 강수량은 2022년 11월보다 12월에 39.8mm 감소했다.

③ 2022년 11월과 12월을 비교했을 때 철원의 평균 풍속은 울릉도의 평균 풍속보다 변화가 크다.

④ 2022년 11월에 강수량이 가장 적은 지역은 부산이었지만, 12월에는 속초의 강수량이 가장 적다.

해설 ③ 철원의 경우 1.3m/s에서 1.4m/s로 변화하였고, 울릉도의 경우 3.3m/s에서 3.5m/s로 변화하였으므로 울릉도의 평균 풍속의 변화가 더 크다.
① 2022년 11월 평균 기온이 가장 높은 지역은 13.9℃의 제주로 12월 역시 7.3℃도로 기온이 가장 높다.
② 대구의 강수량은 2022년 11월 45.3mm, 12월 5.5mm로 12월은 전월대비 39.8mm 감소했다.
④ 2022년 11월에 강수량이 가장 적은 지역은 40.5mm의 부산이며, 12월에는 0.2mm로 속초의 강수량이 가장 적다.

CHAPTER 03

문제해결

1 다음 〈통역경비 산정기준〉과 〈상황〉을 근거로 판단할 때, 다음 중 통역비를 가장 많이 받은 통역사는?

〈통역경비 산정기준〉

통역경비는 통역료와 출장비(교통비, 이동보상비)의 합으로 산정한다.

• 통역료(통역사 1인당)

구분	기본요금 (3시간까지)	추가요금(3시간 초과시)
영어, 아랍어, 독일어	500,000원	100,000/시간
베트남어, 인도네시아어	600,000원	150,000/시간

• 출장비(통역사 1인당)
- 교통비는 왕복으로 실비 지급
- 이동보상비는 이동 시간당 10,000원 지급

〈보기〉

윤영 : 아랍어 통역사로 교통비는 편도 1시간, 50,000원이고 총 4시간 동안 통역이 진행되었다.
재현 : 베트남어 통역사로 교통비는 왕복 2시간, 100,000원이고 총 4시간 동안 통역이 진행되었다.
범수 : 독일어 통역사로 교통비는 편도 2시간, 80,000원이고 총 6시간 동안 통역이 진행되었다.
진주 : 인도네시아어 통역사로 교통비는 왕복 2시간, 120,000원이고 총 4시간 동안 통역이 진행되었다.

---

① 윤영   ② 재현
③ 범수   ④ 진주

✅ **해설** ③ 범수 – 통역료 : 800,000원+출장비 : 200,000원(40,000+160,000)=1,000,000
① 윤영 – 통역료 : 600,000원+출장비 : 120,000원(20,000+100,000)=720,000
② 재현 – 통역료 : 750,000원+출장비 : 120,000원(20,000+100,000)=870,000
④ 진주 – 통역료 :750,000원 +출장비 : 140,000원(20,000+120,000)=890,000

2 H사 김 과장은 외출을 하여 대한상사, 고려무역, 한국은행, 홍익협회 네 군데를 다녀와야 한다. 김 과장의 사무실과 네 군데 방문 지점과의 이동 시간이 다음과 같을 때, '사무실~대한상사'와 '사무실~한국은행'의 소요 시간이 될 수 없는 것은 어느 것인가? (소요 시간은 1분 단위로만 계산한다)

> • 홍익협회까지 가는 시간은 한국은행까지 가는 시간의 두 배보다 더 많이 걸린다.
> • 고려무역까지 가는 시간은 홍익협회까지 가는 시간의 30%만큼 덜 걸리는 35분이다.
> • 대한상사까지 가는 시간은 한국은행보다는 더 걸리고 고려무역보다는 덜 걸린다.
> • 한국은행까지 가는 시간과 대한상사까지 가는 시간의 합은 홍익협회까지 가는 시간과 같다.

	사무실~대한상사	사무실~한국은행
①	26분	24분
②	28분	22분
③	30분	20분
④	35분	15분

✔**해설** 고려무역까지 35분이 소요되며 이것이 홍익협회까지 가는 시간의 30%가 덜 걸리는 것이므로 홍익협회까지 가는 시간은 35÷0.7=50분이 된다. 또한 대한상사까지 가는 시간은 한국은행보다는 더 걸리고 고려무역보다는 덜 걸린다고 했으므로 김 과장의 사무실로부터 가까운 순서는 '한국은행-대한상사-고려무역-홍익협회'가 된다.

따라서 한국은행까지 가는 시간은 적어도 25분보다 적어야 하며, 이 거리에 소요되는 시간과 '사무실~대한상사'의 시간의 합이 50분이어야 하므로 대한상사까지 가는 시간은 25분보다 크면서 고려무역까지 가는 시간인 35분보다는 적어야 한다.

그러므로 대한상사까지는 26분~34분, 한국은행까지는 24분~16분 사이가 되어야 한다. 따라서 '35분과 15분'이 정답이 된다.

3 다음 글을 근거로 판단할 때, 甲이 이용할 관광 상품은?

- 甲은 첨성대에서 시작하여 대릉원, 불국사, 동궁과 월지까지 관광하려 한다. '첨성대→대릉원'은 도보로, '대릉원→동궁과 월지' 및 '동궁과 월지→불국사'은 각각 버스로 이동해야 한다.
- 입장료 및 지하철 요금

첨성대	대릉원	불국사	동궁과 월지	버스
1,000원	3,000원	10,000원	5,000원	1,000원

※ 버스 요금은 거리에 관계없이 탑승할 때마다 일정하게 지불하며, 도보 이동시에는 별도 비용 없음
- 관광비용은 입장료, 버스 요금, 상품가격의 합산액이다.
- 甲은 관광비용을 최소화하고자 하며, 甲이 선택할 수 있는 상품은 다음 세 가지 중 하나이다.

상품	가격	혜택				
		첨성대	대릉원	불국사	동궁과 월지	버스
스마트 교통 카드	1,000원	–	–	50%할인	–	당일무료
시티투어A	3,000원	30%할인	30%할인	30%할인	30%할인	당일무료
시티투어B	5,000원	무료	–	무료	무료	–
스탬프투어	2,000원			무료		당일무료

① 스마트 교통 카드
② 시티투어A
③ 시티투어B
④ 스탬프투어

✔ 해설 관광 상품을 사용했을 때 甲이 지불할 관광비용은 다음과 같다.
　　스마트 교통 카드 : 1,000+1,000+3,000+5,000+5,000=15,000(원)
　　시티투어A : 3,000+700+2,100+7,000+3,500=16,300(원)
　　시티투어B : 5,000+3,000+2,000=10,000(원)
　　스탬프투어 : 2,000+1,000+3,000+5,000=11,000(원)
　　따라서 시티투어B를 이용하는 것이 가장 저렴하다.

4 다음 글을 근거로 판단할 때, ○○백화점이 한 해 캐롤 음원이용료로 지불해야 하는 최대 금액은?

> ○○백화점에서는 매년 크리스마스 트리 점등식(11월 네 번째 목요일) 이후 돌아오는 첫 월요일부터 크리스마스 (12월 25일)까지 백화점 내에서 캐롤을 틀어 놓는다(단, 휴점일 제외). 이 기간 동안 캐롤을 틀기 위해서는 하루에 2만 원의 음원이용료를 지불해야 한다. ○○백화점 휴점일은 매월 네 번째 수요일이지만, 크리스마스와 겹칠 경우에는 정상영업을 한다.

① 48만 원
② 52만 원
③ 58만 원
④ 60만 원

✅**해설** 최대 음원이용료를 구하는 것이므로 12월 25일은 네 번째 수요일이거나 수요일 이전이어야 한다. 또한 11월 네 번째 목요일 이후 돌아오는 월요일부터 11월 마지막 날까지의 기간을 최대로 가정하면 11월 1일이 목요일일 경우(네 번째 목요일이 22일, 네 번째 수요일이 28일)와 수요일일 경우(네 번째 수요일이 22일, 네 번째 목요일이 23일) 모두 11월 4일 동안 캐롤을 틀 수 있고, 12월에 25일 동안 캐롤을 틀 수 있으므로 (4+25)×20,000원=58만 원이 된다.

5 다음 글과 상황을 근거로 판단할 때, A국 각 지역에 설치될 것으로 예상되는 풍력발전기 모델명을 바르게 짝지은 것은?

풍력발전기는 회전축의 방향에 따라 수평축 풍력발전기와 수직축 풍력발전기로 구분된다. 수평축 풍력발전기는 구조가 간단하고 설치가 용이하며 에너지 변환효율이 우수하다. 하지만 바람의 방향에 영향을 많이 받기 때문에 바람의 방향이 일정한 지역에만 설치가 가능하다. 수직축 풍력발전기는 바람의 방향에 영향을 받지 않아 바람의 방향이 일정하지 않은 지역에도 설치가 가능하며, 이로 인해 사막이나 평원에도 설치가 가능하다. 하지만 부품이 비싸고 수평축 풍력발전기에 비해 에너지 변환효율이 떨어진다는 단점이 있다. B사는 현재 4가지 모델의 풍력발전기를 생산하고 있다. 각 풍력발전기는 정격 풍속이 최대 발전량에 도달하며, 가동이 시작되면 최소 발전량 이상의 전기를 생산한다. 각 발전기의 특성은 아래와 같다.

모델명	U-50	U-57	U-88	U-93
시간당 최대 발전량(kW)	100	100	750	2,000
시간당 최소 발전량(kW)	20	20	150	400
발전기 높이(m)	50	68	80	84.7
회전축 방향	수직	수평	수직	수평

〈상황〉

A국은 B사의 풍력발전기를 X, Y, Z지역에 각 1기씩 설치할 계획이다. X지역은 산악지대로 바람의 방향이 일정하며, 최소 150kW 이상의 시간당 발전량이 필요하다. Y지역은 평원지대로 바람의 방향이 일정하지 않으며, 철새보호를 위해 발전기 높이는 70m 이하가 되어야 한다. Z지역은 사막지대로 바람의 방향이 일정하지 않으며, 주민 편의를 위해 정격 풍속에서 600kW 이상의 시간당 발전량이 필요하다. 복수의 모델이 각 지역의 조건을 충족할 경우, 에너지 변환효율을 높이기 위해 수평축 모델을 설치하기로 한다.

X지역	Y지역	Z지역		X지역	Y지역	Z지역
① U-88	U-50	U-88		② U-88	U-57	U-93
③ U-93	U-50	U-88		④ U-93	U-50	U-93

 해설 ㉠ X지역 : 바람의 방향이 일정하므로 수직·수평축 모두 사용할 수 있고, 최소 150kW 이상의 시간당 발전량이 필요하므로 U-88과 U-93 중 하나를 설치해야 한다. 에너지 변환효율을 높이기 위해 수평축 모델인 U-93을 설치한다.
㉡ Y지역 : 수직축 모델만 사용 가능하며, 높이가 70m 이하인 U-50만 설치 가능하다.
㉢ Z지역 : 수직축 모델만 사용 가능하며, 정격 풍속이 600kW 이상의 시간당 발전량을 갖는 U-88만 설치 가능하다.

6 다음은 화재손해 발생 시 지급 보험금 산정방법과 피보험물건의 보험금액 및 보험가액에 대한 자료이다. 다음 조건에 따를 때, 지급 보험금이 가장 많은 피보험물건은?

〈표1〉 지급 보험금 산정방법

피보험물건의 유형	조건	지급 보험금
일반물건, 창고물건, 주택	보험금액≥보험가액의 80%	손해액 전액
	보험금액<보험가액의 80%	손해액 $\times \dfrac{보험금액}{보험가액의\ 80\%}$
공장물건, 동산	보험금액≥보험가액	손해액 전액
	보험금액<보험가액	손해액 $\times \dfrac{보험금액}{보험가액}$

※ 보험금액은 보험사고가 발생한 때에 보험회사가 피보험자에게 지급해야 하는 금액의 최고한도를 말한다.

※ 보험가액은 보험사고가 발생한 때에 피보험자에게 발생 가능한 손해액의 최고한도를 말한다.

〈표2〉 피보험물건의 보험금액 및 보험가액

피보험물건	피보험물건 유형	보험금액	보험가액	손해액
甲	동산	7천만 원	1억 원	6천만 원
乙	일반물건	8천만 원	1억 원	8천만 원
丙	창고물건	6천만 원	7천만 원	9천만 원
丁	공장물건	9천만 원	1억 원	6천만 원

① 甲   ② 乙

③ 丙   ④ 丁

① 甲 : 6천만 원 $\times \dfrac{7천만\ 원}{1억\ 원} = 4,200$만 원

② 乙 : 손해액 전액이므로 8,000만 원

③ 丙 : 손해액 전액이므로 9,000만 원

④ 丁 : 6천만 원 $\times \dfrac{9천만\ 원}{1억\ 원} = 5,400$만 원

7 어느 동물원에서 다음의 열 마리의 천적 관계가 있는 동물을 최소한의 우리를 사용하여 구분해두려고 한다. 필요한 우리의 개수는 몇 개인가?

포식동물	피식동물
표범	치타, 토끼
여우	기린, 사슴, 토끼
치타	토끼, 하이에나
호랑이	표범, 기린
늑대	기린, 치타
사자	여우, 기린, 토끼, 하이에나
하이에나	기린, 사슴, 토끼

※ 포식동물은 각자의 피식동물 이외의 동물은 잡아먹지 않는다.

① 2개
② 3개
③ 4개
④ 5개

✔ **해설** 포식동물인 표범, 여우, 치타, 호랑이, 늑대, 사자, 하이에나 사이에 포식 · 피식 관계가 없는 관계끼리 먼저 나누면 (표범, 여우, 늑대, 하이에나), (치타, 호랑이, 사자)로 나눌 수 있으므로 2개의 우리가 필요하고, 나머지 (기린, 사슴, 토끼)를 하나의 우리에 넣으면 된다. 따라서 필요한 우리의 개수는 3개이다.

8 다음은 영업사원인 甲씨가 오늘 미팅해야 할 거래처 직원들과 방문해야 할 업체에 관한 정보이다. 다음의 정보를 모두 반영하여 하루의 일정을 짠다고 할 때 순서가 올바르게 배열된 것은? (단, 장소간 이동 시간은 없는 것으로 가정한다)

〈거래처 직원들의 요구 사항〉
• A거래처 과장 : 회사 내부 일정으로 인해 미팅은 10시~12시 또는 16~18시까지 2시간 정도 가능합니다.
• B거래처 대리 : 12시부터 점심식사를 하거나, 18시부터 저녁식사를 하시죠. 시간은 2시간이면 될 것 같습니다.
• C거래처 사원 : 외근이 잡혀서 오전 9시부터 10시까지 1시간만 가능합니다.
• D거래처 부장 : 외부일정으로 18시부터 저녁식사만 가능합니다.

〈방문해야 할 업체와 가능시간〉
• E서점 : 14~18시, 소요시간은 2시간
• F은행 : 12~16시, 소요시간은 1시간
• G미술관 관람 : 하루 3회(10시, 13시, 15시), 소요시간은 1시간

① C거래처 사원 − A거래처 과장 − B거래처 대리 − E서점 − G미술관 − F은행 − D거래처 부장
② C거래처 사원 − A거래처 과장 − F은행 − B거래처 대리 − G미술관 − E서점 − D거래처 부장
③ C거래처 사원 − G미술관 − F은행 − B거래처 대리 − E서점 − A거래처 과장 − D거래처 부장
④ C거래처 사원 − A거래처 과장 − B거래처 대리 − F은행 − G미술관 − E서점 − D거래처 부장

✔해설 C거래처 사원(9시~10시) − A거래처 과장(10시~12시) − B거래처 대리(12시~14시) − F은행(14시~15시) − G미술관(15시~16시) − E서점(16~18시) − D거래처 부장(18시~)
① E서점까지 들리면 16시가 되는데, 그 이후에 G미술관을 관람할 수 없다.
② F은행까지 들리면 13시가 되는데, B거래처 대리 약속은 18시에 가능하다.
③ G미술관 관람을 마치고 나면 11시가 되는데 F은행은 12시에 가야한다. 1시간 기다려서 F은행 일이 끝나면 13시가 되는데, B거래처 대리 약속은 18시에 가능하다.

Answer 7.② 8.④

9 이번에 탄생한 TF팀에서 팀장과 부팀장을 선정하려고 한다. 선정기준은 이전에 있던 팀에서의 근무성적과 성과점수, 봉사점수 등을 기준으로 한다. 구체적인 선정기준이 다음과 같을 때 선정되는 팀장과 부팀장을 바르게 연결한 것은?

〈선정기준〉

• 최종점수가 가장 높은 직원이 팀장이 되고, 팀장과 다른 성별의 직원 중에서 가장 높은 점수를 받는 직원이 부팀장이 된다(예를 들어 팀장이 남자가 되면, 여자 중 최고점을 받은 직원이 부팀장이 된다).

• 근무성적 40%, 성과점수 40%, 봉사점수 20%로 기본점수를 산출하고, 기본점수에 투표점수를 더하여 최종점수를 산정한다.

• 투표점수는 한 명당 5점이 부여된다(예를 들어 2명에게서 한 표씩 받으면 10점이다).

〈직원별 근무성적과 점수〉

직원	성별	근무성적	성과점수	봉사점수	투표한 사람수
고경원	남자	88	92	80	2
박하나	여자	74	86	90	1
도경수	남자	96	94	100	0
하지민	여자	100	100	75	0
유해영	여자	80	90	80	2
문정진	남자	75	75	95	1

---

① 고경원 – 하지민
② 고경원 – 유해영
③ 하지민 – 도경수
④ 하지민 – 문정진

✔ **해설** 점수를 계산하면 다음과 같다.

직원	성별	근무점수	성과점수	봉사점수	투표점수	합계
고경원	남자	35.2	36.8	16	10	98
박하나	여자	29.6	34.4	18	5	87
도경수	남자	38.4	37.6	20	0	96
하지민	여자	40	40	15	0	95
유해영	여자	32	36	16	10	94
문정진	남자	30	30	19	5	84

10 K회사에서 근무하는 甲팀장은 팀의 사기를 높이기 위하여 팀원들을 데리고 야유회를 가려고 한다. 주어진 상황이 다음과 같을 때 비용이 가장 저렴한 펜션은 어디인가?

〈상황〉

• 팀장을 포함하여 인원은 6명이다.
• 2박 3일을 갔다 오려고 한다.
• 팀장은 나무펜션 1회 이용 기록이 있다.
• 펜션 비용은 1박을 기준으로 부과된다.

〈펜션 비용〉

펜션	가격(1박 기준)	비고
나무펜션	70,000원 (6인 기준)	• 1박을 한 후 연이어 2박을 할 때는 2박의 비용은 처음 1박의 10%를 할인 받는다. • 나무펜션 이용 기록이 있는 경우에는 총 합산 금액의 10%를 할인 받는다. (중복 할인 가능)
그늘펜션	60,000원 (4인 기준)	• 인원 추가시, 1인당 10,000원의 추가비용이 발생된다. • 나무, 그늘, 푸른, 구름펜션 이용기록이 1회라도 있는 경우에는 총 합산 금액의 20%를 할인 받는다.
푸른펜션	80,000원 (6인 기준)	• 1박을 한 후 연이어 2박을 할 때는 2박의 비용은 처음 1박의 15%를 할인 받는다.
구름펜션	55,000원 (4인 기준)	• 인원 추가시, 1인당 10,000원의 추가비용이 발생된다.

① 나무펜션
② 그늘펜션
③ 푸른펜션
④ 구름펜션

✔ **해설** ㉠ 나무펜션 : $70,000 + (70,000 \times 0.9) = 133,000$에서 팀장은 나무펜션 이용 기록이 있으므로 총 합산 금액의 10%를 또 할인 받는다. 따라서 $133,000 \times 0.9 = 119,700$원이다.

㉡ 그늘펜션 : 4인 기준이므로 2명을 추가하면 80,000원이 되고 2박이므로 160,000원 된다. 그러나 팀장은 나무펜션 이용기록이 있으므로 총 합산 금액의 20%를 할인 받는다. 따라서 $160,000 \times 0.8 = 128,000$원이다.

㉢ 푸른펜션 : $80,000 + (80,000 \times 0.85) = 148,000$원이다.

㉣ 구름펜션 : 4인 기준이므로 2명을 추가하면 75,000원이 되고 2박이므로 $75,000 \times 2 = 150,000$원이 된다.

11 다음에서 주어진 내용만을 고려할 때, 그림의 기점에서 ㈎, ㈏ 각 지점까지의 총 운송비가 가장 저렴한 교통수단을 바르게 고른 것은?

• 교통수단별 기종점 비용과 주행 비용은 아래와 같음.

비용 \ 교통수단	A	B	C
기종점 비용(원)	1,000	2,000	4,000
단위 거리당 주행 비용(원/km)	400	300	250

㈎ (30km), ㈏ (60km)

기점 — 10 — 20 — 30 — 40 — 50 — 60 (km)

	㈎	㈏
①	A	A
②	A	B
③	A	C
④	B	C

✔해설 총 운송비는 선적·하역비 등이 포함된 기종점 비용과 이동 거리가 늘어나면서 증가하는 주행 비용으로 구성된다. 따라서 총 운송비는 '기종점 비용+단위 거리당 주행비용×거리'로 계산할 수 있다. 이와 같이 계산하면 ㈎ 지점까지의 총 운송비는 A 13,000원, B 11,000원, C 11,500원으로 B가 가장 저렴하다. ㈏ 지점까지의 총 운송비는 A 25,000원, B 20,000원, C 19,000원으로 C가 가장 저렴하다.

12 A 지점에 입지한 공장을 B ~ D 중 한 지점으로 이전하려고 한다. 가장 유리한 지점과 그 지점의 비용 절감액은?

㉠ A 지점은 최소 운송비 지점으로 동심원은 등비용선이고, 숫자는 비용을 나타낸다.

㉡ A ~ D 지점의 제품 단위당 노동비는 다음과 같다.

지점	A	B	C	D
노동비(원)	10,000	7,500	5,000	14,500

㉢ D 지점은 제품 단위당 10,000원의 집적 이익이 발생한다.

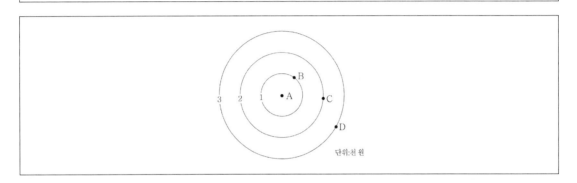

단위:천 원

지점	절감액
① B	1,500원
② C	2,500원
③ C	3,000원
④ D	2,500원

✔해설 운송비, 노동비, 집적 이익을 고려하여 B ~ D 지점의 비용 절감액을 구하면
B = 10,000 − 7,500 − 1,000 = 1,500
C = 10,000 − 5,000 − 2,000 = 3,000
D = 10,000 − 14,500 − 3,000 + 10,000 = 2,500
따라서 가장 유리한 지점은 C 지점이며 비용 절감액은 3,000원이다.

┃13~14┃ 다음은 서원물류담당자 J씨가 회사와 인접한 파주, 인천, 철원, 구리 4개 지점 중 최적의 물류거점을 세우려고 한다. 지점 간 거리와 물동량을 보고 물음에 답하시오.

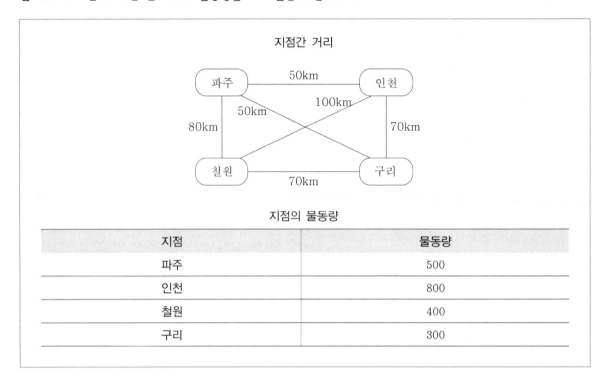

지점간 거리

지점의 물동량

지점	물동량
파주	500
인천	800
철원	400
구리	300

13 지점간 거리를 고려한 최적의 물류거점은 어디가 되는가?

① 파주

② 인천

③ 철원

④ 구리

✔해설 파주 : $50 + 50 + 80 = 180$

인천 : $50 + 100 + 70 = 220$

철원 : $80 + 70 + 100 = 250$

구리 : $70 + 70 + 50 = 190$

14 지점간 거리와 물동량을 모두 고려한 최적의 물류거점은 어디가 되는가?

① 파주

② 인천

③ 철원

④ 구리

✔해설 파주 : $(50 \times 800) + (50 \times 300) + (80 \times 400) = 40,000 + 15,000 + 32,000 = 87,000$

인천 : $(50 \times 500) + (100 \times 400) + (70 \times 300) = 25,000 + 40,000 + 21,000 = 86,000$

철원 : $(80 \times 500) + (100 \times 800) + (70 \times 300) = 40,000 + 80,000 + 21,000 = 141,000$

구리 : $(50 \times 500) + (70 \times 800) + (70 \times 400) = 25,000 + 56,000 + 28,000 = 109,000$

Answer 13.① 14.②

15 다음은 K그룹을 대표하는 투자전문회사인 K investment에서 투자를 검토하고 있는 사업평가 자료인데, 직원의 실수로 일부가 훼손되었다. 다음 중 (가), (나), (다), (라)에 들어갈 수 있는 수치는? (단, 인건비와 재료비 이외의 투입요소는 없다)

구분	목표량	인건비	재료비	산출량	효과성 순위	효율성 순위
A	(가)	200	50	500	3	2
B	1,000	(나)	200	1,500	2	1
C	1,500	1,200	(다)	3,000	1	3
D	1,000	300	500	(라)	4	4

※ 효율성 = 산출 / 투입, 효과성 = 산출 / 목표

	(가)	(나)	(다)	(라)			(가)	(나)	(다)	(라)
①	300	600	800	800		②	500	800	300	800
③	800	500	300	300		④	500	300	800	800

✔ 해설 A~D의 효과성과 효율성을 구하면 다음과 같다.

구분	효과성		효율성	
	산출/목표	효과성 순위	산출/투입	효율성 순위
A	$\dfrac{500}{(가)}$	3	$\dfrac{500}{200+50}=2$	2
B	$\dfrac{1,500}{1,000}=1.5$	2	$\dfrac{1,500}{(나)+200}$	1
C	$\dfrac{3,000}{1,500}=2$	1	$\dfrac{3,000}{1,200+(다)}$	3
D	$\dfrac{(라)}{1,000}$	4	$\dfrac{(라)}{300+500}$	4

• A와 D의 효과성 순위가 B보다 낮으므로 $\dfrac{500}{(가)}$, $\dfrac{(라)}{1,000}$ 의 값은 1.5보다 작고 $\dfrac{500}{(가)} > \dfrac{(라)}{1,000}$ 가 성립한다.

• 효율성 순위가 1순위인 B는 2순위인 A의 값보다 커야 하므로 $\dfrac{1,500}{(나)+200} > 2$ 이다.

• C와 D의 효율성 순위가 A보다 낮으므로 $\dfrac{3,000}{1,200+(다)}$, $\dfrac{(라)}{300+500}$ 의 값은 2보다 작고 $\dfrac{3,000}{1,200+(다)} > \dfrac{(라)}{300+500}$ 가 성립한다.

따라서 이 조건을 모두 만족하는 값을 찾으면 (가), (나), (다), (라)에 들어갈 수 있는 수치는 ④이다.

16 다음은 어느 그룹의 직원채용절차에 대한 자료이다. 이를 근거로 1일 총 접수건수를 처리하기 위한 각 업무단계별 총 처리비용이 두 번째로 큰 업무단계는?

□ 직원채용절차
• 신입 : 접수확인 → 서류전형 → 종합인적성검사 → 합격여부통지
• 경력 : 접수확인 → 종합인적성검사 → 합격여부통지
• 인턴 : 접수확인 → 면접전형 → 합격여부통지

□ 접수건수 및 처리비용

〈지원유형별 1일 접수건수〉

지원유형	접수(건)
신입	20
경력	18
인턴	16
–	–
계	54

〈업무단계별 1건당 처리비용〉

업무단계	처리비용(원)
접수확인	500
서류전형	2,000
종합인적성검사	1,000
면접전형	1,500
합격여부통지	400

※ 직원채용절차에서 중도탈락자는 없음.
※ 업무단계별 1건당 처리비용은 지원유형에 관계없이 동일함.

① 접수확인
② 서류전형
③ 종합인적성검사
④ 면접전형

✔해설 업무단계별 총 처리비용을 계산하면 다음과 같다.

업무단계	처리비용(원)
접수확인	(신입 20건 + 경력 18건 + 인턴 16건) × 500원 = 27,000원
서류전형	신입 20건 × 2,000원 = 40,000원
종합인적성검사	(신입 20건 + 경력 18건) × 1,000원 = 38,000원
면접전형	인턴 16건 × 1,500원 = 24,000원
합격여부통지	(신입 20건 + 경력 18건 + 인턴 16건) × 400원 = 21,600원

따라서 총 처리비용이 두 번째로 큰 업무단계는 종합인적성검사이다.

17 다음 글과 〈설립위치 선정 기준〉을 근거로 판단할 때, A사가 서비스센터를 설립하는 방식과 위치로 옳은 것은?

- 휴대폰 제조사 A는 B국에 고객서비스를 제공하기 위해 1개의 서비스센터 설립을 추진하려고 한다.
- 설립방식에는 (가) 방식과 (나) 방식이 있다.
- A사는 {(고객만족도 효과의 현재가치) − (비용의 현재가치)}의 값이 큰 방식을 선택한다.
- 비용에는 규제비용과 로열티비용이 있다.

구분		(가) 방식	(나) 방식
고객만족도 효과의 현재가치		5억 원	4.5억 원
비용의 현재가치	규제비용	3억 원 (설립 당해 년도만 발생)	없음
	로열티 비용	없음	− 3년간 로열티비용을 지불함 − 로열티비용의 현재가치 환산액: 설립 당해년도는 2억 원, 그 다음 해부터는 직전년도 로열티비용의 1/2씩 감액한 금액

※ 고객만족도 효과의 현재가치는 설립 당해년도를 기준으로 산정된 결과이다.

〈설립위치 선정 기준〉
- 설립위치로 B국의 甲, 乙, 丙3곳을 검토 중이며, 각 위치의 특성은 다음과 같다.

위치	유동인구(만 명)	20~30대 비율(%)	교통혼잡성
甲	80	75	3
乙	100	50	1
丙	75	60	2

- A사는 {(유동인구) × (20~30대 비율) / (교통혼잡성)} 값이 큰 곳을 선정한다. 다만 A사는 제품의 특성을 고려하여 20~30대 비율이 50% 이하인 지역은 선정대상에서 제외한다.

	설립방식	설립위치		설립방식	설립위치
①	(가)	甲	②	(가)	丙
③	(나)	甲	④	(나)	乙

㉠ 설립방식 : {(고객만족도 효과의 현재가치) − (비용의 현재가치)}의 값이 큰 방식 선택

  • (가) 방식 : 5억 원 − 3억 원 = 2억 원→ 선택

  • (나) 방식 : 4.5억 원 − (2억 원 + 1억 원 + 0.5억 원) = 1억 원

㉡ 설립위치 : {(유동인구) × (20~30대 비율) / (교통혼잡성)} 값이 큰 곳 선정(20~30대 비율이 50% 이하인 지역은 선정대상에서 제외)

  • 甲 : 80 × 75 / 3 = 2,000

  • 乙 : 20~30대 비율이 50%이므로 선정대상에서 제외

  • 丙 : 75 × 60 / 2 = 2,250 → 선택

18 다음 〈표〉는 한국 TV 영업직 직원들의 지난 달 상품 신규 가입 실적 현황을 나타낸 자료이다. 이에 대한 설명 중 옳은 것을 모두 고르면?

〈표〉 sky TV 직원별 상품 신규 가입 실적 현황

구분 \ 직원	A	B	C	D	E	F
성별	남	남	여	남	여	남
실적(건)	0	2	6	4	8	10

㉠ 직원들의 평균 실적은 5건이다.

㉡ 남자면서 실적이 5건 이상인 직원 수는 전체 남자 직원 수의 50% 이상이다.

㉢ 실적이 2건 이상인 직원 중 남자 직원의 비율은 전체 직원 중 여자 직원 비율의 2배 이상이다.

㉣ 여자 직원이거나 실적이 7건 이상인 직원 수는 전체 직원 수의 50% 이상이다.

① ㉠, ㉡

② ㉠, ㉢

③ ㉠, ㉣

④ ㉡, ㉢

㉠ 직원들의 평균 실적은 $\dfrac{2+6+4+8+10}{6}=5$건이다.

㉣ 여자 직원이거나 실적이 7건 이상인 직원은 C, E, F로 전체 직원 수의 50% 이상이다.

㉡ 남자이면서 실적이 5건 이상인 직원은 F뿐이므로 전체 남자 직원 수의 50% 이하이다.

㉢ 실적이 2건 이상인 직원은 5명으로 이 중 남자 직원의 비율은 $\dfrac{3}{5}$이다. 이는 전체 직원 중 여자 직원 비율인 $\dfrac{2}{6}$의 2배 이하이다.

19 ㈜서원각에서는 가을맞이 부서 대항 체육대회를 개최하기로 하였다. 한 사람이 두 종목까지 참가할 수 있고 모든 직원이 한 종목 이상 참가해야 할 때, 영업부에서 3인 4각 선수로 참가해야 하는 사람만을 모두 고르면?

• 영업부 종목별 참가 인원

오래달리기	장애물 넘기	3인 4각	줄다리기
1명	4명	3명	4명

• 영업부 선수 후보

종목 \ 선수 후보	A	B	C	D	E	F	G
오래달리기	○	×	○	×	×	×	×
장애물 넘기	○	×	○	○	○	×	×
3인 4각	×	○	○	○	○	×	○
줄다리기	○	×	○	×	○	○	○

※ ○ : 참가 가능, × : 참가 불가능
※ 어떤 종목도 동시에 진행되지 않는다.

① A, B, F 　　　　② B, C, E

③ B, C, G 　　　　④ B, D, G

✔ 해설　• 모든 직원이 한 종목 이상 참가해야 하므로 B는 3인 4각에, F는 줄다리기에 반드시 참가해야 한다.
　• 영업부의 장애물 넘기 참가 인원이 4명인데 선수 후보가 4명이므로 A, C, D, E는 모두 장애물 넘기에 참가해야 한다.
　• 오래달리기는 A 또는 C가 참가해야 하는데 A가 참가할 경우 줄다리기에 C, E, F, G가 참가해야 하며 C가 참가할 경우 A, E, F, G가 참가한다.
　• 한 사람이 두 종목까지만 참가할 수 있으므로 3인 4각에는 B, D, G가 참가해야 한다.

종목 \ 선수 후보	A	B	C	D	E	F	G
오래달리기	참가(불참)	×	불참(참가)	×	×	×	×
장애물 넘기	참가	×	참가	참가	참가	×	×
3인 4각	×	참가	○	참가	○	×	참가
줄다리기	불참(참가)	×	참가(불참)	×	참가	참가	참가

20 다음은 TV 광고모델 후보 5명에 대한 자료이다. 조건을 적용하여 광고모델을 선정할 경우 총 광고 효과가 가장 큰 모델은 누구인가?

광고모델별 1년 계약금 및 광고 1회당 광고효과

(단위 : 만 원)

광고모델	1년 계약금	1회당 광고효과	
		수익 증대 효과	브랜드 가치 증대 효과
동건	1,000	100	100
원빈	1,200	110	110
상민	700	60	110
현빈	800	50	140

〈조건〉

• 광고효과는 수익 증대 효과와 브랜드 가치 증대 효과로만 구성된다.
 – 총 광고효과＝1회당 광고효과×1년 광고 횟수
 – 1회당 광고효과＝1회당 수익 증대 효과＋1회당 브랜드 가치 증대 효과
• 1회당 광고비는 20만 원으로 고정되어 있다.
• 1년 광고 횟수＝$\dfrac{1년\ 광고비}{1회당\ 광고비}$
• 1년 광고비는 3,000만 원(고정값)에서 1년 계약금을 뺀 금액이다.

※ 광고는 TV를 통해서만 1년 내에 모두 방송된다.

① 동건   ② 원빈
③ 상민   ④ 현빈

✅**해설** 총 광고효과＝(1회당 수익 증대 효과＋1회당 브랜드 가치 증대 효과)×(3,000만 원－1년 계약금)/20만 원

① 동건＝$(100+100) \times \dfrac{3,000-1,000}{20} = 20,000$만 원

② 원빈＝$(110+110) \times \dfrac{3,000-1,200}{20} = 19,800$만 원

③ 상민＝$(60+110) \times \dfrac{3,000-700}{20} = 19,550$만 원

④ 현빈＝$(50+140) \times \dfrac{3,000-800}{20} = 20,900$만 원

21 다음 글을 근거로 판단할 때 ○○시가 '창의 테마파크'에서 운영할 프로그램은 무엇인가?

○○시는 학생들의 창의력을 증진시키기 위하여 '창의 테마파크'를 운영하고자 한다. 이를 위해 다음과 같은 프로그램을 후보로 정하였다.

분야	프로그램명	전문가 점수	학생 점수
미술	내 손으로 만드는 동물	26	32
인문	세상을 바꾼 생각들	31	18
무용	스스로 창작	37	25
인문	역사랑 놀자	36	28
음악	연주하는 교실	34	34
연극	연출노트	32	30
미술	창의 예술학교	40	25
진로	항공체험 캠프	30	35

- 전문가와 학생은 후보로 선정된 프로그램을 각각 40점 만점제로 우선 평가하였다.
- 전문가 점수와 학생 점수의 반영 비율을 3 : 2로 적용하여 합산한 후, 하나밖에 없는 분야에 속한 프로그램에는 취득점수의 30%를 가산점으로 부여한다.
- ○○시는 가장 높은 점수를 받은 프로그램을 최종 선정하여 운영한다.

① 연출노트
② 연주하는 교실
③ 항공체험 캠프
④ 창의 예술학교

✔해설 전문가 점수와 학생 점수의 반영 비율은 3 : 2로 적용한다고 하였으므로 전문가 점수에 ×3, 학생 점수에 ×2를 한 후 더하여 합계 점수를 계산하면 다음과 같다.

분야	프로그램명	전문가 점수	학생 점수	합계 점수
미술	내 손으로 만드는 동물	26	32	$(26 \times 3) + (32 \times 2) = 142$
인문	세상을 바꾼 생각들	31	18	$(31 \times 3) + (18 \times 2) = 129$
무용	스스로 창작	37	25	$(37 \times 3) + (25 \times 2) = 161$
인문	역사랑 놀자	36	28	$(36 \times 3) + (28 \times 2) = 164$
음악	연주하는 교실	34	34	$(34 \times 3) + (34 \times 2) = 170$
연극	연출노트	32	30	$(32 \times 3) + (30 \times 2) = 156$
미술	창의 예술학교	40	25	$(40 \times 3) + (25 \times 2) = 170$
진로	항공체험 캠프	30	35	$(30 \times 3) + (35 \times 2) = 160$

그런데, 하나밖에 없는 분야에 속한 프로그램에는 취득점수의 30%를 가산점으로 부여하므로 음악 분야는 하나밖에 없으므로 연주하는 교실에는 가산점을 부여한다.

$170 \times \dfrac{30}{100} = 51$, 합계 점수에 합하여 주면 $170 + 51 = 221$점으로 가장 높은 점수를 받는다.

그러므로 창의 테마파크에서 운영할 프로그램은 연주하는 교실이다.

22 다음 글의 내용과 날씨를 근거로 판단할 경우 종아가 여행을 다녀온 시기로 가능한 것은?

- 종아는 선박으로 '포항 → 울릉도 → 독도 → 울릉도 → 포항' 순으로 3박 4일의 여행을 다녀왔다.
- '포항 → 울릉도' 선박은 매일 오전 10시, '울릉도 → 포항' 선박은 매일 오후 3시에 출발하며, 편도 운항에 3시간이 소요된다.
- 울릉도에서 출발해 독도를 돌아보는 선박은 매주 화요일과 목요일 오전 8시에 출발하여 당일 오전 11시에 돌아온다.
- 최대 파고가 3m 이상인 날은 모든 노선의 선박이 운항되지 않는다.
- 종아는 매주 금요일에 술을 마시는데, 술을 마신 다음날은 멀미가 심해 선박을 탈 수 없다.
- 이번 여행 중 종아는 울릉도에서 호박엿 만들기 체험을 했는데, 호박엿 만들기 체험은 매주 월 · 금요일 오후 6시에만 할 수 있다.

날씨

(ꂈ : 최대 파고)

日	月	火	水	木	金	土
16 ꂈ 1.0m	17 ꂈ 1.4m	18 ꂈ 3.2m	19 ꂈ 2.7m	20 ꂈ 2.8m	21 ꂈ 3.7m	22 ꂈ 2.0m
23 ꂈ 0.7m	24 ꂈ 3.3m	25 ꂈ 2.8m	26 ꂈ 2.7m	27 ꂈ 0.5m	28 ꂈ 3.7m	29 ꂈ 3.3m

① 19일(水) ~ 22일(土)

② 20일(木) ~ 23일(日)

③ 23일(日) ~ 26일(水)

④ 25일(火) ~ 28일(金)

 ① 19일 수요일 오후 1시 울릉도 도착, 20일 목요일 독도 방문, 22일 토요일은 복귀하는 날인데 종아는 매주 금요일에 술을 마시므로 멀미로 인해 선박을 이용하지 못한다. 또한 금요일 오후 6시 호박엿 만들기 체험도 해야 한다.
② 20일 목요일 오후 1시 울릉도 도착, 독도는 화요일과 목요일만 출발하므로 불가능
③ 23일 일요일 오후 1시 울릉도 도착, 24일 월요일 호박엿 만들기 체험, 25일 화요일 독도 방문, 26일 수요일 포항 도착
④ 25일 화요일 오후 1시 울릉도 도착, 27일 목요일 독도 방문, 28일 금요일 호박엿 만들기 체험은 오후 6시인데, 복귀하는 선박은 오후 3시 출발이라 불가능

다음 글을 근거로 판단할 때 A팀이 최종적으로 선택하게 될 이동수단의 종류와 그 비용을 바르게 연결한 것은?

>   총 4명으로 구성된 A팀은 해외출장을 계획하고 있다. A팀은 출장지에서의 이동수단 한 가지를 결정하려고 한다. 이 때 A팀은 경제성, 용이성, 안전성의 총 3가지 요소를 고려하여 최종점수가 가장 높은 이동수단을 선택한다.
>
> • 각 고려요소의 평가결과 '상' 등급을 받으면 3점을, '중' 등급을 받으면 2점을, '하' 등급을 받으면 1점을 부여한다. 단, 안전성을 중시하여 안전성 점수를 2배로 계산한다. (예를 들어, 안전성 '하' 등급은 2점)
> • 경제성은 각 이동수단별 최소비용이 적은 것부터 상, 중, 하로 계산한다.
> • 각 고려요소의 평가점수를 합하여 최종점수를 구한다.
>
> <평가표>
>
> | 이동수단 | 경제성 | 용이성 | 안전성 |
> |---|---|---|---|
> | 렌터카 | ? | 상 | 하 |
> | 택시 | ? | 중 | 중 |
> | 대중교통 | ? | 하 | 중 |
>
> <이동수단별 비용계산식>
>
> | 이동수단 | 비용계산식 |
> |---|---|
> | 렌터카 | (렌트비＋유류비)×이용 일수
－렌트비＝$50/1일(4인승 차량)
－유류비＝$10/1일(4인승 차량) |
> | 택시 | 거리당 가격($1/1마일)×이동거리(마일)－최대 4명가지 탑승가능 |
> | 대중교통 | 대중교통패스 3일권($40/1인)×인원 수 |
>
> <해외출장 일정>
>
> | 출장일정 | 이동거리(마일) |
> |---|---|
> | 10월 1일 | 100 |
> | 10월 2일 | 50 |
> | 10월 3일 | 50 |

① 렌터카 - $180   ② 택시 - $200

③ 택시 - $400   ④ 대중교통 - $160

✔해설 경제성을 먼저 계산해 보면
- 렌터카 = $(50+10) \times 3 = \$180$
- 택시 = $1 \times (100+50+50) = \$200$
- 대중교통 = $40 \times 4 = \$160$

위 결과를 평가표에 반영하면

이동수단	경제성	용이성	안전성	합계
헨터카	중 → 2	상 → 3	하 → 2	7
택시	하 → 1	중 → 2	중 → 4	7
대중교통	상 → 3	하 → 1	중 → 4	8

대중교통으로 비용은 $160이다.

24 다음의 내용을 근거로 할 때 유추할 수 있는 옳은 내용만을 바르게 짝지은 것은?

갑과 을은 ○×퀴즈를 풀었다. 문제는 총 8문제(100점 만점)이고, 분야별 문제 수와 문제당 배점은 다음과 같다.

분야	문제 수	문제당 배점
한국사	6	10점
경제	1	20점
예술	1	20점

문제 순서는 무작위로 정해지고, 갑과 을이 각 문제에 대해 ○ 또는 ×를 다음과 같이 선택하였다.

문제	갑	을
1	○	○
2	×	○
3	○	○
4	○	×
5	×	×
6	○	×
7	×	○
8	○	○
총점	80점	70점

○ 갑과 을은 모두 경제 문제를 틀린 경우가 있을 수 있다.
○ 갑만 경제 문제를 틀렸다면, 예술 문제는 갑과 을 모두 맞혔다.
○ 갑이 역사 문제 두 문제를 틀렸다면, 을은 예술 문제와 경제 문제를 모두 맞혔다.

① ○
② ○
③ ○○
④ ○○

✔해설 ㉠ 갑과 을 모두 경제 문제를 틀린 경우

갑과 을의 답이 갈리는 경우만 생각하면 되므로 2, 4, 6, 7번만 생각하면 된다.

2, 4, 6, 7번을 제외한 나머지 항목에 경제 문제가 있는 게 되므로 경제 문제는 20점이므로 갑은 나머지 문제를 틀리게 되면 80점을 받을 수 없다. 을은 2, 4, 6, 7을 모두 맞췄다면 모두 10점짜리라고 하더라도 최대 점수는 60점이 되므로 갑과 을 모두 경제 문제를 틀린 경우는 있을 수 없다.

㉡ 갑만 경제 문제를 틀렸다면 나머지는 다 맞춰야 한다.
- 2, 4, 6, 7번 중 하나가 경제일 경우 갑은 정답이 되고 을은 3개가 틀리게 된다. 3개를 틀려서 70점을 받으려면 각 배점은 10점짜리이어야 하므로 예술 문제를 맞춘 게 된다.
- 2, 4, 6, 7번 중 하나가 경제가 아닌 경우 을은 4문제를 틀린 게 되므로 70점을 받을 수 없다. 그러므로 갑이 경제 문제를 틀렸다면 갑과 을은 모두 예술 문제를 맞춘 것이 된다.

㉢ 갑이 역사 문제 두 문제를 틀렸다면
- 2, 4, 6, 7번 문항에서 모두 틀린 경우 을은 2, 4, 6, 7번에서 2문제만 틀리고 나머지는 정답이 되므로 을은 두 문제를 틀리고 30점을 잃었으므로 경제 또는 예술에서 1문제, 역사에서 1문제를 틀린 게 된다.
- 2, 4, 6, 7번 문항에서 1문제만 틀린 경우 을은 역사 1문제를 틀리고, 2, 4, 6, 7번에서 3문제를 틀리게 된다. 그러면 70점이 안되므로 불가능하다.
- 2, 4, 6, 7번 문항에서 틀린 게 없는 경우 을은 역사 2문제를 틀리고, 2, 4, 6, 7번에서도 틀리게 되므로 40점이 된다.

Answer　24.①

25 다음 내용과 전투능력을 가진 생존자 현황을 근거로 판단할 경우 생존자들이 탈출할 수 있는 경우로 옳은 것은? (단, 다른 조건은 고려하지 않는다)

- 좀비 바이러스에 의해 라쿤 시티에 거주하던 많은 사람들이 좀비가 되었다. 건물에 갇힌 생존자들은 동, 서, 남, 북 4개의 통로를 이용해 5명씩 탈출을 시도한다. 탈출은 통로를 통해서만 가능하며, 한 쪽 통로를 선택하면 되돌아올 수 없다.
- 동쪽 통로에 11마리, 서쪽 통로에 7마리, 남쪽 통로에 11마리, 북쪽 통로에 9마리의 좀비들이 있다. 선택한 통로의 좀비를 모두 제거해야만 탈출할 수 있다.
- 남쪽 통로의 경우, 통로 끝이 막혀 탈출을 할 수 없지만 팀에 폭파전문가가 있다면 다이너마이트를 사용하여 막힌 통로를 뚫고 탈출할 수 있다.
- 전투란 생존자가 좀비를 제거하는 것을 의미하며 선택한 통로에서 일시에 이루어진다.
- 전투능력은 정상인 건강상태에서 해당 생존자가 전투에서 제거하는 좀비의 수를 의미하며, 질병이나 부상상태인 사람은 그 능력이 50%로 줄어든다.
- 전투력 강화에는 건강상태가 정상인 생존자들 중 1명에게만 사용할 수 있으며, 전투능력을 50% 향상시킨다. 사용 가능한 대상은 의사 혹은 의사의 팀 내 구성원이다.
- 생존자의 직업은 다양하며, 아이와 노인은 전투능력과 보유품목이 없고 건강상태는 정상이다.

전투능력을 가진 생존자 현황

직업	인원	전투능력	건강상태	보유품목
경찰	1명	6	질병	–
헌터	1명	4	정상	–
의사	1명	2	정상	전투력 강화제 1개
사무라이	1명	8	정상	–
폭파전문가	1명	4	부상	다이너마이트

	탈출 통로	팀 구성 인원
①	동쪽 통로	폭파전문가 – 사무라이 – 노인 3명
②	서쪽 통로	헌터 – 경찰 – 아이 2명 – 노인
③	남쪽 통로	헌터 – 폭파전문가 – 아이 – 노인 2명
④	북쪽 통로	경찰 – 의사 – 아이 2명 – 노인

✔해설 실제 전투능력을 정리하면 경찰(3), 헌터(4), 의사(2), 사무라이(8), 폭파전문가(2)이다.
이를 토대로 탈출 통로의 좀비수와 처치 가능 좀비수를 계산해 보면
동쪽 통로 11마리 좀비
폭파전문가(2), 사무라이(8)하면 10마리의 좀비를 처치 가능
서쪽 통로 7마리 좀비
헌터(4), 경찰(3)하면 7마리의 좀비 모두 처치 가능
남쪽 통로 11마리 좀비

헌터(4), 폭파전문가(2) 6마리의 좀비 처치 가능

북쪽 통로 9마리 좀비

경찰(3), 의사(2)-전투력 강화제(1) 6마리의 좀비 처치 가능

26 다음은 주식회사 서원각의 팀별 성과급 지급 기준이다. Y팀의 성과평가 결과가 다음과 같다면 지급되는 성과급의 1년 총액은?

〈성과급 지급 방법〉

(개) 성과급 지급은 성과평가 결과와 연계함.

(내) 성과평가는 유용성, 안전성, 서비스 만족도의 총합으로 평가함. 단, 유용성, 안전성, 서비스 만족도의 가중치를 각각 0.4, 0.4, 0.2로 부여함.

(대) 성과평가 결과를 활용한 성과급 지급 기준

구분	1/4 분기	2/4 분기	3/4 분기	4/4 분기
유용성	8	8	10	8
안전성	8	6	8	8
서비스 만족도	6	8	10	8

① 350만 원

② 360만 원

③ 370만 원

④ 380만 원

✔해설 먼저 아래 표를 항목별로 가중치를 부여하여 계산하면,

구분	1/4 분기	2/4 분기	3/4 분기	4/4 분기
유용성	$8 \times \dfrac{4}{10} = 3.2$	$8 \times \dfrac{4}{10} = 3.2$	$10 \times \dfrac{4}{10} = 4.0$	$8 \times \dfrac{4}{10} = 3.2$
안전성	$8 \times \dfrac{4}{10} = 3.2$	$6 \times \dfrac{4}{10} = 2.4$	$8 \times \dfrac{4}{10} = 3.2$	$8 \times \dfrac{4}{10} = 3.2$
서비스 만족도	$6 \times \dfrac{2}{10} = 1.2$	$8 \times \dfrac{2}{10} = 1.6$	$10 \times \dfrac{2}{10} = 2.0$	$8 \times \dfrac{2}{10} = 1.6$
합계	7.6	7.2	9.2	8
성과평가 등급	C	C	A	B
성과급 지급액	80만 원	80만 원	110만 원	90만 원

성과평가 등급이 A이면 직전분기 차감액의 50%를 가산하여 지급한다고 하였으므로, 3/4분기의 성과급은 직전분기 차감액 20만 원의 50%인 10만 원을 가산하여 지급한다.

∴ $80 + 80 + 110 + 90 = 360$(만 원)

27 다음은 무농약농산물과 저농약농산물 인증기준에 대한 자료이다. 자신이 신청한 인증을 받을 수 있는 사람을 모두 고르면?

> 무농약농산물과 저농약농산물의 재배방법은 각각 다음과 같다.
> 1) 무농약농산물의 경우 농약을 사용하지 않고, 화학비료는 권장량의 2분의 1 이하로 사용하여 재배한다.
> 2) 저농약농산물의 경우 화학비료는 권장량의 2분의 1 이하로 사용하고, 농약은 살포시기를 지켜 살포 최대횟수의 2분의 1 이하로 사용하여 재배한다.
>
> 〈농산물별 관련 기준〉
>
> | 종류 | 재배기간 내 화학비료 권장량(kg/ha) | 재배기간 내 농약살포 최대횟수 | 농약 살포시기 |
> |---|---|---|---|
> | 사과 | 100 | 4 | 수확 30일 전까지 |
> | 감 | 120 | 4 | 수확 14일 전까지 |
> | 복숭아 | 50 | 5 | 수확 14일 전까지 |

※ 1ha=10,000㎡, 1t=1,000kg

> 甲 : 5㎢의 면적에서 재배기간 동안 농약을 전혀 사용하지 않고 20t의 화학비료를 사용하여 사과를 재배하였으며, 이 사과를 수확하여 무농약농산물 인증신청을 하였다.
> 乙 : 3ha의 면적에서 재배기간 동안 농약을 1회 살포하고 50kg의 화학비료를 사용하여 복숭아를 재배하였다. 하지만 수확시기가 다가오면서 병충해 피해가 나타나자 농약을 추가로 1회 살포하였고, 열흘 뒤 수확하여 저농약농산물 인증신청을 하였다.
> 丙 : 가로와 세로가 각각 100m, 500m인 과수원에서 감을 재배하였다. 재배기간 동안 총 2회(올해 4월 말과 8월 초) 화학비료 100kg씩을 뿌리면서 병충해 방지를 위해 농약도 함께 살포하였다. 추석을 맞아 9월 말에 감을 수확하여 저농약농산물 인증신청을 하였다.

① 甲, 乙
② 甲, 丙
③ 乙, 丙
④ 甲, 乙, 丙

✔해설 甲 : 5㎢는 500ha이므로 사과를 수확하여 무농약농산물 인증신청을 하려면 농약을 사용하지 않고, 화학비료는 50,000kg(=50t)의 2분의 1 이하로 사용하여 재배해야 한다.

乙 : 복숭아의 농약 살포시기는 수확 14일 전까지이다. 저농약농산물 인증신청을 위한 살포시기를 지키지 못 하였으므로 인증을 받을 수 없다.

丙 : 5ha(100m×500m)에서 감을 수확하여 저농약농산물 인증신청을 하려면 화학비료는 600kg의 2분의 1 이하로 사용하고, 농약은 살포시기를 지켜(수확 14일 전까지) 살포 최대횟수인 4회의 2분의 1 이하로 사용하여 재배해야 한다.

28 다음은 A그룹 근처의 〈맛집 정보〉이다. 주어진 평가 기준에 따라 가장 높은 평가를 받은 곳으로 신년회를 예약하라는 지시를 받았다. A그룹의 신년회 장소는?

〈맛집 정보〉

음식점 \ 평가항목	음식종류	이동거리	가격 (1인 기준)	맛 평점 (★ 5개 만점)	방 예약 가능 여부
자금성	중식	150m	7,500원	★★☆	○
샹젤리제	양식	170m	8,000원	★★★	○
경복궁	한식	80m	10,000원	★★★★	○
도쿄타워	일식	350m	9,000원	★★★★☆	×

※ ☆은 ★의 반 개다.

〈평가 기준〉

- 평가항목 중 이동거리, 가격, 맛 평점에 대하여 각 항목별로 4, 3, 2, 1점을 각각의 음식점에 하나씩 부여한다.
  - 이동거리가 짧은 음식점일수록 높은 점수를 준다.
  - 가격이 낮은 음식점일수록 높은 점수를 준다.
  - 맛 평점이 높은 음식점일수록 높은 점수를 준다.
- 평가항목 중 음식종류에 대하여 일식 5점, 한식 4점, 양식 3점, 중식 2점을 부여한다.
- 방 예약이 가능한 경우 가점 1점을 부여한다.
- 총점은 음식종류, 이동거리, 가격, 맛 평점의 4가지 평가항목에서 부여 받은 점수와 가점을 합산하여 산출한다.

---

① 자금성   ② 샹젤리제

③ 경복궁   ④ 도쿄타워

✔해설 평가 기준에 따라 점수를 매기면 다음과 같다.

음식점 \ 평가항목	음식 종류	이동 거리	가격 (1인 기준)	맛 평점 (★ 5개 만점)	방 예약 가능 여부	총점
자금성	2	3	4	1	1	11
샹젤리제	3	2	3	2	1	11
경복궁	4	4	1	3	1	13
도쿄타워	5	1	2	4	–	12

따라서 A그룹의 신년회 장소는 경복궁이다.

Answer 27.② 28.③

29 **부서에서는 회식을 위해 ##식당을 선정했다. 다음은 ##식당의 메뉴판이고 총 참여 인원이 35명일 때, 120만 원의 예산으로 주문할 수 있는 저녁 메뉴가 될 수 없는 것은 어느 것인가?

식사류	설렁탕	7,000원	1인분
	낙지볶음	8,000원	
	비빔밥	6,500원	
안주류	삼겹살	10,000원	1인분
	골뱅이 무침	9,000원	2인분
	마른안주	11,000원	3인 기준
	과일안주	12,000원	3인 기준
주류	맥주	4,500원	1병
	소주	3,500원	1병

① 낙지볶음 30인분과 설렁탕 5인분, 삼겹살 55인분과 마른안주 10개, 맥주와 소주 각각 40병

② 식사류 1인분씩과 삼겹살 60인분, 맥주와 소주 각각 30병

③ 삼겹살 60인분과 마른안주, 과일안주 각각 12개, 맥주와 소주 각각 30병

④ 식사류 1인분씩과 삼겹살 60인분, 골뱅이 무침 10개와 맥주 50병

✔해설 낙지볶음 30인분과 설렁탕 5인분, 삼겹살 55인분과 마른안주 10개, 맥주와 소주 각각 40병은 240,000+35,000+550,000+110,000+180,000+140,000=1,255,000원이 되어 예산을 초과하게 된다.

② 삼겹살 60인분과 맥주, 소주 각각 30병은 840,000원이 되므로 식사류 어느 메뉴를 주문해도 예산을 초과하지 않게 된다.

③ 600,000+132,000+144,000+135,000+105,000=1,116,000원이 되어 주문이 가능하다.

④ 삼겹살 60인분, 골뱅이 무침 10개와 맥주 50병은 915,000원이므로 역시 식사류 어느 것을 주문해도 예산을 초과하지 않게 된다.

30 다음 〈국내 대학(원) 재학생 학자금 대출 조건〉을 근거로 판단할 때, 옳지 않은 것은? (단, 甲~丙은 국내 대학(원)의 재학생이다)

〈국내 대학(원) 재학생 학자금 대출 조건〉

구분		X학자금 대출	Y학자금 대출
신청대상	신청연령	35세 이하	55세 이하
	성적기준	직전 학기 12학점 이상 이수 및 평균 C학점 이상(단, 장애인, 졸업학년인 경우 이수학점 기준 면제)	직전 학기 12학점 이상 이수 및 평균 C학점 이상(단, 대학원생, 장애인, 졸업학년인 경우 이수학점 기준 면제)
	가구 소득기준	소득 1~8분위	소득 9, 10분위
	신용요건	제한 없음	금융채무불이행자, 저신용자 대출 불가
대출한도	등록금	학기당 소요액 전액	학기당 소요액 전액
	생활비	학기당 150만 원	학기당 100만 원
상환사항	상환 방식 (졸업 후)	• 기준소득을 초과하는 소득 발생 이전 : 유예 • 기준소득을 초과하는 소득 발생 이후 : 기준소득 초과분의 20%를 원천 징수	• 졸업 직후 매월 상환 • 원금균등분할상환과 원리금균등분할상환 중 선택

① 35세로 소득 9분위인 대학원생 甲이 직전 학기에 10학점을 이수하여 평균 B학점을 받았을 경우 Y학자금 대출을 받을 수 있다.

② X학자금 대출 대상이 된 乙의 한 학기 등록금이 300만 원일 때, 한 학기당 최대 450만 원을 대출받을 수 있다.

③ 50세로 소득 9분위인 대학생 丙(장애인)은 신용 요건에 관계없이 Y학자금 대출을 받을 수 있다.

④ 대출금액이 동일하고 졸업 이전 기준소득을 초과하는 소득이 발생되었다고 해도 X학자금 대출과 Y학자금 대출을 상환의무가 발생하지 않는다.

✔해설 ③ Y학자금 대출은 장애인일 경우 이수학점 기준은 면제되지만 신용요건은 충족해야하므로 丙이 금융채무불이행자, 저신용자일 경우 대출이 불가능하다.

① 35세로 소득 9분위인 대학원생 甲은 이수학점 기준 면제대상으로 Y학자금 대출을 받을 수 있다.

② 乙은 한 학기 소요액 전액인 300만원과 생활비 150만 원으로 총 450만 원을 대출 대출받을 수 있다.

④ X학자금 대출과 Y학자금 대출의 상환 방식은 졸업 후에 행하는 것으로 졸업 이전에는 상환의무가 발생하지 않는다.

31 같은 상황에서 아래의 물음 ㈎, ㈏에 적절한 답을 순서대로 올바르게 나열한 것은 어느 것인가?

> 팀장은 최 대리와 남 대리에게 계약서 12건의 오류 확인과 24건의 원가계산서를 확인해 보라고 지시하였다. 두 사람은 지시 받은 두 가지의 업무를 모두 마친 후 퇴근할 예정이며, 최대한 빨리 끝내려고 한다. 이들은 동시에 두 가지 업무를 시작하려 하며, 1시간 당 각자가 처리할 수 있는 업무량은 다음 표와 같다.
>
> | | 계약서 오류 확인(건) | 원가계산서 확인(건) |
> |---|---|---|
> | 최 대리 | 2 | 6 |
> | 남 대리 | 2 | 2 |
>
> ㈎ 최 대리와 남 대리가 같은 일을 함께할 경우, 두 사람이 지시 받은 업무를 모두 마칠 때까지 걸리는 최단 시간은 얼마인가?
> ㈏ 두 사람이 어떤 업무를 하든지 지시 받은 모든 업무를 마칠 때까지 걸리는 최단 시간은 얼마인가?

① 5시간, 5시간

② 5시간, 6시간

③ 6시간, 6시간

④ 6시간, 5시간

✔해설 ㈎ 최 대리와 남 대리는 항상 함께 같은 업무를 해야 한다. 계약서 오류 확인을 할 경우, 1시간당 4건을 12건을 처리하기 위해서는 3시간이 필요하며, 원가계산서 확인은 1시간 당 8건을 처리할 수 있으므로 24건의 확인을 끝마치기 위해서는 3시간이 필요하다. 따라서 총 6시간이 필요하게 된다.

㈏ 이 경우, 두 사람이 항상 함께 같은 업무를 처리할 필요가 없이 더 잘하는 일을 먼저 처리하고 나머지 시간에 다른 사람을 도와줄 수 있다. 최 대리가 원가계산서 확인에 더 비교우위가 있으므로 상대적으로 남 대리는 계약서 오류 확인을 먼저 하는 것이 시간 단축에 더 유리하게 된다. 최 대리는 원가계산서 확인 24건을 4시간 동안 처리한 후 남 대리의 계약서 오류 확인을 도와줄 수 있다. 이 경우, 남 대리가 계약서 오류 확인을 4시간 동안 8건 처리한 후, 1시간 동안 두 사람이 함께 나머지 계약서 오류 확인 4건을 처리하면 총 5시간 후에 모든 업무를 끝마칠 수 있게 된다.

32 갑, 을, 병사는 A, B, C 3개 운동 종목에 대한 3사 간의 경기를 실시하였으며, 결과는 다음 표와 같다. 이에 대한 설명으로 올바르지 않은 것은 어느 것인가? (무승부인 경기는 없다고 가정함)

구분	갑	을	병
A 종목	4승6패	7승3패	4승6패
B 종목	7승3패	2승8패	6승4패
C 종목	5승5패	3승7패	7승3패

① 갑사가 병사로부터 거둔 A 종목 경기 승수가 1승뿐이었다면 을사는 병사에 압도적인 우세를 보였다.

② 을사의 B 종목 경기 8패가 나머지 두 회사와의 경기에서 절반씩 거둔 결과라면 갑사와 병사의 상대 전적은 갑사가 더 우세하다.

③ 갑사가 세 종목에서 거둔 승수 중 을사와 병사로부터 각각 적어도 2승 이상씩을 거두었다면, 적어도 을사는 병사보다 A 종목의, 병사는 을사보다 C 종목의 상대 전적이 더 우세하다.

④ 갑사는 C 종목에서 을사, 병사와의 상대 전적이 동일하여 우열을 가릴 수 없다.

> **✔해설** 3개 회사는 각 종목 당 다른 회사와 5번씩 경기를 가졌으며 이에 따른 승수와 패수의 합은 항상 10이된다. 갑사가 C 종목에서 거둔 5승과 5패는 어느 팀으로부터 거둔 것인지 알 수 있는 근거가 없어 을사, 병사와 상대 전적이 동일하다고 말할 수 없다. 또한, 특정 팀과 5회 경기를 하여 무승부인 결과는없는 것이므로 상대 전적이 동일한 두 팀이 생길 수는 없다.
> ① 병사의 6패 중 나머지 5패를 을사로부터 당한 것이 된다. 따라서 을사와의 전적은 0승 5패의 압도적인 결과가 된다.
> ② 갑사와 병사의 승수 중 각각 4승씩을 제외한 나머지 승수가 상대방으로부터 거둔 승수가 된다. 따라서 갑사는 병사로부터 3승을, 병사는 갑사로부터 2승을 거둔 것이 되어 갑사의 상대 전적이 병사보다 더 우세하게 된다.
> ③ 을사의 A 종목 3패 중 적어도 2패 이상이 갑사에게 당한 것이 되고 나머지 패수가 병사에게 당한것이 되므로 을사는 병사보다 A 종목의 상대 전적이 더 우세하다. 이와 같은 논리로 살펴보면 병사의 C 종목 3패 중 1패 또는 0패가 을사와의 경기 결과가 되어 병사는 을사보다 C 종목 상대 전적이 더 우세하게 된다.

33 다음은 T센터 대강당 사용과 관련한 안내문이다. 이를 참고할 때, 다음 주 금요일 신년 행사에서 장소 섭외 담당자인 A 씨가 다음의 안내문을 잘못 이해한 것은?

- 설비 사용료

구분	장비명		수량	개당 가격	비고
음향 장치	일반 마이크	다이나믹	65개	4,500원	7대 무료, 8대부터 비용
		콘덴서	55개	4,500원	
	고급 마이크		25개	25,000원	건전지 사용자 부담
	써라운드 스피커 시스템		4대	25,000원	1일 1대
촬영 장치	빔 프로젝터		1대	210,000원	1일 1대
	영상 재생 및 녹화 서비스	USB	1개	25,000원	–
		CD	1개	32,000원	–
조명 장치	solo 라이트		2대	6,000원	–
	rail 라이트		10대	55,000원	2개까지 무료

- 주의사항
 - 내부 매점 이외에서 구매한 음식물 반입 엄금(음용수 제외)
 - 대관일 하루 전날 사전 점검 및 시설물 설치 가능, 행사 종료 즉시 시설물 철거 요망
 - 건물 내 전 지역 금연(실외 경비구역 내 지정 흡연 부스 있음)

- 주차장 안내
 - 행사장 주최 측에 무료 주차권 100장 공급
 - 무료 주차권 없을 경우, 행사 종료 후부터 1시간까지 3,000원/이후 30분당 1,000원
 - 경차, 장애인 차량 주차 무료

- 기타사항
 - 예약 후, 행사 당일 3일 전 이후 취소 시 기 지급금 20% 수수료 및 향후 대관 불가
 - 정치적 목적의 행사, 종교 행사 등과 사회 기피적 모임 및 활동을 위한 대관 불가

① 회사에서 준비해 간 주류와 음료는 이용할 수 없겠군.
② 무료 주차권에 맞춰서 차량 수도 조정하는 게 좋겠어.
③ 다음 주 수요일에 화환이 도착한다고 했으니까 곧장 대강당으로 보내면 되겠군.
④ 마이크는 일반 마이크 5대면 충분하니 추가금은 필요 없겠어.

✔해설 안내문에서 주의사항으로 시설물 설치는 대관일 하루 전날부터 가능하다고 되어있고 행사는 금요일이 므로 화환은 목요일에 보내야 한다.

34 위 규정의 밑줄 친 '첨부한 표'가 다음과 같을 때, 레일의 단면 표시로 올바르지 않은 것은 어느 것인가?

구분	레일종별	단면도색		선별기준
		보통레일	열처리 레일	
신품	50kg, 60kg	흰색	–	신품레일로 본선사용이 가능한 것
	60kg 초과	파란색	분홍색	
중고품	50kg, 60kg	검정색	–	일단 사용하였다가 발생한 레일로 마모상태, 길이 등이 재사용이 가능한 것
	60kg 초과	노란색	녹색	
불용품	50kg, 60kg	빨강색	빨강색	훼손(균열, 파상마모, 탐상지적레일), 마모한도 초과, 단면적 감소, 단척, 누적통과톤수 등으로 교환 되어 재사용 불가로 판정된 것
	60kg 초과			

① 사용 불가한 60kg 레일 – 빨간색
② 신품인 50kg 레일 – 흰색
③ 재사용 가능한 60kg 직선용 레일 – 검정색
④ 재사용 가능한 65kg 직선용 레일 – 녹색

✔해설 재사용이 가능한 중고품으로 60kg을 초과하는 경우이며, 직선 레일에 사용하는 것이므로 곡선용에서만 가능한 열처리가 되어 있지 않은 레일이 된다. 따라서 보통레일에 해당하는 노란색으로 단면을 도색해 야 한다.

Answer 33.③ 34.④

35 바둑 애호가인 정 대리, 서 대리, 홍 대리 3명은 각각 상대방과 16판씩 총 32판의 대국을 두었다. 이들의 올해 계절별 바둑 결과가 다음과 같다. 정 대리와 서 대리 상호 간의 결과가 네 시기 모두 우열을 가리지 못하고 동일하였을 경우에 대한 설명으로 올바른 것은 어느 것인가?

시기	정 대리 전적	서 대리 전적	홍 대리 전적
	〈3명의 바둑 대국 결과〉		
봄	19승 13패	14승 18패	15승 17패
여름	10승 22패	20승 12패	18승 14패
가을	17승 15패	14승 18패	17승 15패
겨울	17승 15패	21승 11패	10승 22패

* 무승부는 한 차례도 없는 것으로 가정한다.

① 정 대리는 봄에 홍 대리에게 10승 이하의 성적을 거두었다.
② 홍 대리에게 우세를 보인 시기는 정 대리가 서 대리보다 더 많다.
③ 홍 대리가 서 대리에게 네 시기에 거둔 승수는 모두 30승이 넘는다.
④ 홍 대리가 한 사람에게 당한 패수가 가장 많은 시기는 봄이다.

✔ **해설** 정 대리와 서 대리 상호 간의 성적이 네 시기 모두 8승 8패라는 의미가 되므로 나머지 승수는 각각 홍 대리에게 거둔 것이 된다. 따라서 홍 대리에 대한 이들의 성적을 시기별로 정리해 보면 다음과 같다.
봄 : 정 대리 11승, 서 대리 6승
여름 : 정 대리 2승, 서 대리 12승
가을 : 정 대리 9승, 서 대리 6승
겨울 : 정 대리 9승, 서 대리 13승
따라서 8승보다 많은 승수를 나타낸 시기가 우세를 보인 시기가 되므로, 정 대리는 봄, 가을, 겨울로 3회, 서 대리는 여름, 겨울로 2회가 되는 것을 알 수 있다.
① 정 대리가 거둔 19승 중 서 대리에게 8승을 거둔 것이므로 나머지 11승은 홍 대리에게 거둔 승수가 된다.
③ 홍 대리가 서 대리에게 네 시기에 거둔 승수는 시기별로 총 16번의 대국에서 서 대리가 홍 대리에게 거둔 승수를 뺀 값이 될 것이다. 따라서 시기별로 각각 10승, 4승, 10승, 3승이 되어 총 27승으로 30승을 넘지 않는다.
④ 홍 대리는 봄에 정 대리에게 11패, 서 대리에게 6패를 당한 것이 된다. 그러나 겨울에는 정 대리에게 9패, 서 대리에게 13패를 당하였으므로 한 사람에게 가장 많은 패를 당한 시기는 겨울이 된다.

36 다음을 근거로 판단할 때 옳은 것은?

A구와 B구로 이루어진 신도시 甲시에는 어린이집과 복지회관이 없다. 이에 甲시는 60억 원의 건축 예산을 사용하여 아래 〈건축비와 만족도〉와 〈조건〉 하에서 시민 만족도가 가장 높도록 어린이집과 복지회관을 신축하려고 한다.

〈건축비와 만족도〉

지역	시설 종류	건축비(억 원)	만족도
A구	어린이집	20	35
	복지회관	15	30
B구	어린이집	15	40
	복지회관	20	50

〈조건〉

1) 예산 범위 내에서 시설을 신축한다.
2) 시민 만족도는 각 시설에 대한 만족도의 합으로 계산한다.
3) 각 구에는 최소 1개의 시설을 신축해야 한다.
4) 하나의 구에 동일 종류의 시설을 3개 이상 신축할 수 없다.
5) 하나의 구에 동일 종류의 시설을 2개 신축할 경우, 그 시설 중 한 시설에 대한 만족도는 20% 하락한다.

① B구에는 복지회관이 신축될 것이다.
② 최대한 만족도가 하락하지 않도록 계획해야한다.
③ 만족도가 가장 높도록 기관을 신축할 경우 예산은 전액 사용된다.
④ 甲시에 신축되는 시설의 수는 3개일 것이다.

✔해설 시민 만족도가 가장 높게 신축을 하기 위해서 우선 예산을 최대한 사용하면 두 가지 경우를 계획할 수 있다.
ㄱ : 가장 만족도가 높은 기관을 신축할 경우 B구의 복지회관을 2개, A구에 어린이 집 1개를 지을 수 있다. 이 경우의 만족도는 50+50-50×0.2+35=125이다.
ㄴ : 건축비가 낮은 기관을 각 구에 2개씩 지을 경우, A구에는 복지회관 2개, B구에는 어린이집을 2개 지을 수 있는데 만족도를 계산하면 30+30-30×0.2+40+40-40×0.2=126이다.
따라서 ㄴ의 경우를 선택한다.
③ 예산은 전액 사용된다.
① B구에는 어린이집이 2개 신축된다.
② ㄴ의 경우 만족도의 하락을 감안하고 최대의 결과를 도출한 것이다.
④ 甲시에 신축되는 건물의 수는 4개일 것이다.

37 다음 글을 근거로 판단할 때, 다음 중 인증 가능한 경우는?

○○국 친환경농산물의 종류는 3가지로, 인증기준에 부합하는 재배방법은 각각 다음과 같다.

1) 유기농산물의 경우 일정 기간(다년생 작물 3년, 그 외 작물 2년) 이상을 농약과 화학비료를 사용하지 않고 재배한다.
2) 무농약농산물의 경우 농약을 사용하지 않고, 화학비료는 권장량의 2분의 1 이하로 사용하여 재배한다.
3) 저농약농산물의 경우 화학 비료는 권장량의 2분의 1 이하로 사용하고, 농약은 살포 시기를 지켜 살포 최대횟수의 2분의 1 이하로 사용하여 재배한다.

〈농산물별 관련 기준〉

구분	재배기간 내 화학비료 권장량(kg/ha)	재배기간 내 농약살포 최대횟수	농약 살포시기
사과	100	4	수확 30일 전까지
감귤	80	3	수확 30일 전까지
감	120	4	수확 14일 전까지
복숭아	50	5	수확 14일 전까지

※ 1ha=10,000m², 1t=1,000kg

① 甲은 5km²의 면적에서 재배기간 동안 농약을 전혀 사용하지 않고 20t의 화학비료를 사용하여 사과를 재배하였으며, 이 사과를 수확하여 무농약농산물 인증 신청을 하였다.

② 乙은 3ha의 면적에서 재배기간 동안 총 2회 화학비료 30kg씩을 뿌리면서 병충해 방지를 위해 농약도 함께 살포하여 복숭아를 재배하였다. 수확시기가 다가오면서 병충해 피해가 나타나자 농약을 추가로 1회 살포하였고, 20일 뒤 수확하여 저농약농산물 인증신청을 하였다.

③ 丙은 지름이 1km인 원 모양의 농장에서 작년부터 농약을 전혀 사용하지 않고 감귤을 재배하였다. 작년에는 5t의 화학비료를 사용하였으나, 올해는 전혀 사용하지 않고 감귤을 수확하여 유기농산물 인증신청을 하였다.

④ 丁은 가로와 세로가 각각 100m, 400m인 과수원에서 감을 재배하였다. 재배기간 동안 농약을 1회 살포하고 250kg의 화학비료를 사용하였다. 丁은 추석을 맞아 9월 말에 감을 수확하여 저농약농산물 인증신청을 하였다.

✔ 해설 ① 甲은 사과를 500ha(5㎢)의 면적에 농약은 사용하지 않고 20,000kg(20t)의 화학비료를 사용하여 재배했다. 무농약농산물 인증을 위해 농약은 사용하지 않고, 화학비료는 권장량을 2분의 1 이하(甲의 경우 50,000kg의 2분의 1)로 사용하여야 하므로 甲은 무농약농산물 인증이 가능하다.

② 乙은 복숭아를 3ha의 면적에 농약을 총 3회 살포하고 60kg 화학비료를 사용하여 재배하였다. 저농약농산물 인증을 위해서는 농약 최대회수의 2분의 1이하로 사용해야하는 데 복숭아 농약 살포 최대 횟수는 5회 이므로 인증을 받을 수 없다.

③ 丙은 유기농산물 인증을 받고자하는데 감귤의 경우 3년 이상 농약과 화학비료를 사용하지 않아야 유기농산물 인증을 받을 수 있다. 하지만 丙은 작년에 화학비료를 사용했으므로 인증을 받을 수 없다.

④ 丁은 감을 수확하기 위해 4ha(가로와 세로가 각각 100m, 400m)의 면적에 농약을 1회, 화학비료 250kg를 사용하였다. 저농약농산물 인증을 위해서 丁은 화학비료를 240kg 이하로 사용하여야 하는 데 이를 초과하였으므로, 저농약농산물 인증을 받을 수 없다.

○○회사에 근무하는 준기 씨는 상사로부터 다음과 같은 지시를 받았다. 다음 중 준기 씨가 상사에게 제출할 자료로 가장 적절한 것은? (비행시간 이외의 시간은 고려하지 않고 인천은 동경 135도 로스앤젤레스는 서경 120도에 위치해있다)

> 상사 : 인천에서 로스앤젤레스로 출장을 갈 예정입니다. 도착지 기준으로 7월 10일 오전 11시까지 도착해야 하고 가장 늦은 항공편을 타야합니다. 시차 계산 요령도 함께 보냈으니 각 항공편마다 시차에 맞는 도착 시각을 알려주시고 제 일정에 맞는 시간에 체크해서 보내주세요.
>
> > 〈시차 계산 요령〉
> > 시차 계산 요령은 다음과 같은 3가지의 원칙을 적용할 수 있다.
> > 1. 같은 경도(동경과 동경 혹은 서경과 서경)인 경우는 두 지점을 빼서 15로 나누되, 더 숫자가 큰 쪽이 동쪽에 위치한다는 뜻이므로 시간도 더 빠르다.
> > 2. 또한, 본초자오선과의 시차는 한국이 영국보다 9시간 빠르다는 점을 적용하면 된다.
> > 3. 경도가 다른 경우(동경과 서경)는 두 지점을 더해서 15로 나누면 되고 역시 동경이 서경보다 더 동쪽에 위치하므로 시간도 더 빠르게 된다.
>
> | 항공편명 | 출발일 | 출발 시각 | 비행시간 |
> |---|---|---|---|
> | KR107 | 7월 9일 | 오후 11시 | |
> | AE034 | 7월 9일 | 오후 2시 | |
> | KR202 | 7월 9일 | 오후 7시 | 12시간 |
> | AE037 | 7월 10일 | 오후 10시 | |
> | KR204 | 7월 10일 | 오후 4시 | |

①

항공편명	출발일	출발 시각	도착시각
KR107	7월 9일	오후 11시	7월 10일 오전 6시
AE034	7월 9일	오후 2시	7월 9일 오전 9시
KR202	7월 9일	오후 7시	7월 9일 오후 2시
AE037	7월 10일	오후 10시	7월 10일 오후 5시
* KR204	7월 10일	오후 4시	7월 10일 오전 11시

②

항공편명	출발일	출발 시각	도착시각
KR107	7월 9일	오후 11시	7월 9일 오후 6시
AE034	7월 9일	오후 2시	7월 9일 오전 10시
* KR202	7월 9일	오후 7시	7월 9일 오후 2시
AE037	7월 10일	오후 10시	7월 10일 오후 5시
KR204	7월 10일	오후 4시	7월 10일 오전 7시

③

항공편명	출발일	출발 시각	도착시각
* KR107	7월 9일	오후 11시	7월 9일 오후 6시
AE034	7월 9일	오후 2시	7월 9일 오전 9시
KR202	7월 9일	오후 7시	7월 9일 오후 2시
AE037	7월 10일	오후 10시	7월 10일 오후 5시
KR204	7월 10일	오후 4시	7월 10일 오전 11시

④

항공편명	출발일	출발 시각	도착시각
KR107	7월 9일	오후 11시	7월 9일 오후 6시
AE034	7월 9일	오후 2시	7월 9일 오전 9시
KR202	7월 9일	오후 7시	7월 9일 오후 2시
AE037	7월 10일	오후 10시	7월 10일 오후 5시
* KR204	7월 10일	오후 4시	7월 10일 오전 11시

해설 출발지와 도착지는 경도가 다른 지역이므로 주어진 설명의 3번에 해당된다. 따라서 두 지점의 시차를 계산해 보면 (135+120)÷15=17시간이 된다.

또한, 인천이 로스앤젤레스보다 더 동쪽에 위치하므로 인천이 로스앤젤레스보다 17시간이 빠르게 된다. 다시 말해, 로스앤젤레스가 인천보다 17시간이 느리다. 따라서 도착시간을 정리하면 다음과 같다.

항공편명	출발일	출발 시각	도착시각
KR107	7월 9일	오후 11시	7월 9일 오후 6시
AE034	7월 9일	오후 2시	7월 9일 오전 9시
KR202	7월 9일	오후 7시	7월 9일 오후 2시
AE037	7월 10일	오후 10시	7월 10일 오후 5시
KR204	7월 10일	오후 4시	7월 10일 오전 11시

KR204이 도착시간이 7월 10일 오전 11시이므로 가장 늦은 항공편에 해당한다.

Answer 38.④

도서출판 서원각에 근무하는 K씨는 고객으로부터 9급 건축직 공무원 추천도서를 요청받았다. K씨는 도서를 추천하기 위해 다음과 같은 9급 건축직 발행도서의 종류와 특성을 참고하였다.

K씨 : 감사합니다. 도서출판 서원각입니다.

고객 : 9급 공무원 건축직 관련 도서 추천을 좀 받고 싶습니다.

K씨 : 네, 어떤 종류의 도서를 원하십니까?

고객 : 저는 기본적으로 이론은 대학에서 전공을 했습니다. 그래서 많은 예상문제를 풀 수 있는 것이 좋습니다.

K씨 : 아. 문제가 많은 것이라면 딱 잘라서 말씀드리기가 어렵습니다.

고객 : 알아요. 그래도 적당히 가격도 그리 높지 않고 예상문제가 많이 들어 있는 것이면 됩니다.

K씨 : 네. 알겠습니다. 많은 예상문제풀이가 가능한 것 외에는 다른 필요한 사항은 없으십니까?

고객 : 가급적이면 20,000원 이하가 좋을 듯 합니다.

도서명	예상문제 문항 수	기출문제 수	이론 유무	가격
실력평가모의고사	400	120	무	18,000
전공문제집	500	160	유	25,000
문제완성	600	40	무	20,000
합격선언	300	200	유	24,000

39 다음 중 K씨가 고객의 요구에 맞는 도서를 추천해 주기 위해 가장 우선적으로 고려해야 하는 특성은 무엇인가?

① 기출문제 수   ② 이론 유무

③ 가격   ④ 예상문제 문항 수

✔해설 고객은 많은 문제를 풀어보기를 원하므로 우선적으로 예상문제의 수가 많은 것을 찾아야 한다.

40 고객의 요구를 종합적으로 반영하였을 때 많은 문제와 가격을 맞춘 가장 적당한 도서는?

① 실력평가모의고사   ② 전공문제집

③ 문제완성   ④ 합격선언

✔해설 고객의 요구인 20,000원 가격선과 예상문제의 수가 많은 도서는 문제완성이 된다.

CHAPTER 04

추론

▌1~10▌ 다음에 제시된 숫자의 배열을 보고 규칙을 적용하여 "?"에 들어갈 숫자를 적으시오.

1

1	4	9	16	25	?

① 36   ② 49

③ 64   ④ 81

✔ 해설 1^2 2^2 3^2 … 순으로 증가하고 있다.

∴ ? = 6^2 = 36

2

25	26	13	14	7	?

① 7   ② 8

③ 9   ④ 10

✔ 해설

A	B

∴ A가 홀수이면, $B = A + 1$

A가 짝수이면, $B = \dfrac{A}{2}$

3

$$\frac{3}{11} \quad \frac{9}{14} \quad \frac{12}{23} \quad \frac{21}{35} \quad \frac{33}{?}$$

① 54

② 55

③ 56

④ 57

 해설

$$\frac{A}{B} \quad \frac{C}{D}$$

$$\therefore \frac{C}{D} = \frac{B-2}{A+B}$$

4

$$\frac{5}{8} \quad \frac{16}{7} \quad \frac{27}{6} \quad \frac{38}{5} \quad \frac{?}{4}$$

① 46

② 47

③ 48

④ 49

 해설

$$\frac{A}{B} \quad \frac{C}{D}$$

$$\therefore \frac{C}{D} = \frac{A+11}{B-1}$$

5

4	3
5	

5	7
10	

6	10
?	

① 11

② 12

③ 13

④ 14

 해설

A	B
C	

$$\therefore (A+B)-2=C$$

6

| 5 : 3 | 4 : 12 | 3 : 21 | ? |

① 2 : 30   ② 2 : 35

③ 2 : 40   ④ 2 : 45

✔해설

| $A : B$ | → | $C : D$ |

$\therefore A-1=C,\ B+9=D$

7

5			8			7	
4	5		9	18		?	14

① 7   ② 8

③ 9   ④ 10

✔해설

A	
B	C

$\therefore \dfrac{A \times B}{4} = C$

8

3			4			7	
1	5		5	10		6	?

① 12   ② 13

③ 14   ④ 15

✔해설

A	
B	C

$\therefore A+B+1=C$

9

44	87	25
52	74	31
17	?	23

① 55

② 65

③ 75

④ 85

✔ 해설

| AB | EF | CD |

$\therefore A+B=E,\ C+D=F$

10

12	31	21
23	53	52
35	84	?

① 32

② 42

③ 52

④ 62

✔ 해설

| AB | EF | CD |

$\therefore A+B=E,\ C-D=F$

11 다음 명제들을 통해 추론한 설명으로 올바른 것은 어느 것인가?

- 전주를 가 본 사람은 부산도 가보았다.
- 부산을 가 본 사람은 대구도 가보았다.
- 대구를 가 본 사람은 제주도를 가보지 않았다.
- 제주도를 가 본 사람은 강릉을 가보지 않았다.
- 강릉을 가 본 사람은 전주를 가보지 않았다.

① 대구를 가보지 않은 사람은 전주를 가보았다.

② 제주도를 가 본 사람은 전주를 가보지 않았다.

③ 강릉을 가보지 않은 사람은 대구를 가보았다.

④ 부산을 가 본 사람은 강릉을 가보았다.

✔해설 대우 명제를 이용하여 해결하는 문제이다. 대우 명제를 생각하기 전에 주어진 명제들의 삼단논법에 의한 연결 형태를 먼저 찾아보아야 한다. 주어진 다섯 개의 명제들 중 첫 번째, 두 번째, 세 번째 명제는 단순 삼단논법으로 연결되어 전주→부산→대구→~제주의 관계가 성립됨을 쉽게 알 수 있다.

따라서 이것의 대우 명제인 제주→~전주(제주도를 가본 사람은 전주를 가보지 않았다)도 옳은 명제가 된다.

12 홍보팀에서는 신입사원 6명(A, B, C, D, E, F)을 선배직원 3명(갑, 을, 병)이 각각 2명씩 맡아 문서작성 및 결재 요령에 대하여 1주일 간 교육을 실시하고 있다. 다음 조건을 만족할 때, 신입사원과 교육을 담당한 선배직원의 연결에 대한 설명이 올바른 것은 어느 것인가?

- B와 F는 같은 조이다.
- 갑은 A에게 문서작성 요령을 가르쳐 주었다.
- 을은 C와 F에게 문서작성 및 결재 요령에 대하여 가르쳐 주지 않았다.

① 병은 A를 교육한다.
② D는 을에게 교육을 받지 않는다.
③ C는 갑에게 교육을 받는다.
④ 을은 C를 교육한다.

✔해설 주어진 조건에서 확정 조건은 다음과 같다.

B, F	A, ( )	C, D, E 중 2명
( )	갑	( )

그런데 세 번째 조건에서 을은 C와 F에게 교육을 하지 않았다고 하였으므로 F가 있는 조와 이미 갑이 교육을 하는 조를 맡지 않은 것이 된다. 따라서 맨 오른쪽은 을이 되어야 하고 남는 한 조인 B, F조는 병이 될 수밖에 없다.

또한 이 경우, 을이 C를 교육하지 않았다고 하였으므로 을의 조는 D와 E가 남게 되며, C는 A와 한 조가 되어 결국 다음과 같이 정리될 수 있다.

B, F	A, C	D, E
병	갑	을

따라서 선택지 ③에서 설명된 'C는 갑에게 교육을 받는다.'가 정답이 된다.

Answer 9.④ 10.④ 11.② 12.③

04. 추론 » **135**

13

> • A는 나의 어머니이다.
> • B는 C의 딸이다.
> • C의 남편은 D이다.
> • A와 C는 자매이다.

① 나와 B는 사촌 관계이다.

② D는 나의 이모이다.

③ B는 A를 고모라고 부른다.

④ A와 D는 가족관계가 아니다.

> ✔해설　② '나'의 어머니와 자매인 C는 '나'의 이모이고 D는 '나'의 이모부이다.
> 　　　③ B의 어머니인 C는 A와 자매이므로 B는 A를 이모라고 불러야 한다.
> 　　　④ D는 A의 동생과 결혼 한 사이이므로 가족이라고 할 수 있다.

14

> • 클래식을 좋아하는 사람은 독서를 좋아한다.
> • 독서를 좋아하는 사람은 서점에 자주 간다.
> • 내성적인 사람은 독서를 좋아한다.

① 내성적인 사람은 클래식을 좋아한다.

② 클래식을 좋아하는 사람은 서점에 자주 간다.

③ 독서를 좋아하지 않는 사람은 서점에 자주 가지 않는다.

④ 내성적인 사람은 주로 서점에 모인다.

> ✔해설　② '클래식을 좋아함→독서를 좋아함→서점에 자주감'이 성립하므로 '클래식을 좋아함→서점에 자주
> 　　　감'이 항상 참이다.
> 　　　① 세 번째 문장의 역인 '독서를 좋아하는 사람은 내성적이다'는 항상 참이 되지 않으므로 ①번 문장
> 　　　역시 항상 참이 될 수 없다.
> 　　　③ 두 번째 문장의 이의 관계인 문장이므로 항상 참이 될 수 없다.
> 　　　④ 주어진 문장만으로는 알 수 없다.

15 다음의 조건이 전부 참일 때 빈칸에 들어갈 말로 가장 적절한 것은?

조깅을 좋아하는 사람은 음악을 좋아한다.
음악을 좋아하는 사람은 무선 이어폰을 사용한다.
한결이는 조깅을 좋아한다.
• 그러므로 _____

① 한결이는 아침에 일찍 일어나는 편이다.
② 한결이는 주로 클래식을 듣는다.
③ 한결이는 무선 이어폰을 사용한다.
④ 한결이는 무선 이어폰을 사용할 줄 모른다.

✔해설 조깅을 좋아하는 사람은 음악을 좋아하고 음악을 좋아하는 사람은 무선 이어폰을 사용한다고 했으므로 조깅을 좋아하는 한결이는 무선 이어폰을 사용한다.

16 A는 ##서점에서 구매할 책을 선택하려 한다. A가 구매할 책에 대해 갑~무가 다음과 같이 진술하였는데 이 중 한 사람의 진술은 거짓이고 나머지 사람들의 진술은 모두 참인 것으로 밝혀졌다. A가 반드시 구매할 책만을 모두 고르면?

갑 : 소설책을 구매할 경우, 자기개발서도 구매한다.
을 : 소설책을 구매하지 않을 경우, 시집도 구매하지 않는다.
병 : 소설책과 자기개발서 중 적어도 하나를 구매한다.
정 : 시집을 구매할 경우에만 자기개발서를 구매한다.
무 : 시집을 구매하지만 소설책은 구매하지 않는다.

① 시집   ② 소설책
③ 시집, 자기개발서   ④ 시집, 소설책

✔해설 갑~무의 진술을 보면 을과 무의 진술이 양립할 수 없음을 알 수 있다. 을의 진술이 참인 경우(무의 진술이 거짓인 경우) A는 소설책, 시집, 자기개발서를 구매하게 된다. 무의 진술이 참인 경우(을의 진술이 거짓인 경우) A는 시집, 자기개발서를 구매하게 된다. 따라서 반드시 하게 될 책은 두 경우에 모두 포함된 시집과 자기개발서이다.

Answer   13.① 14.② 15.③ 16.③

17 다음에 제시되는 명제들을 통해 추론할 수 있는 명제로 올바른 것은 어느 것인가?

> • 어떤 야구선수는 회식을 좋아한다.
> • 모든 안경을 낀 사람은 여행을 좋아한다.
> • 어떤 야구선수는 여행을 좋아하지 않는다.

① 안경을 끼지 않은 야구선수는 모두 여행을 좋아한다.

② 여행을 좋아하지 않지만 안경을 끼고 있는 야구선수도 있다.

③ 안경을 낀 야구선수는 모두 여행을 좋아한다.

④ 여행을 좋아하는 사람은 모두 야구선수이다.

> ✔해설 야구선수 중 일부는 안경을 끼고 있으며, 그들은 모두 여행을 좋아하므로 '안경을 낀 야구선수는 모두 여행을 좋아한다.'는 참인 명제가 된다.
> ① 안경을 끼지 않은 야구선수는 여행을 좋아할 수도, 좋아하지 않을 수도 있으므로 항상 참이 되는 명제가 될 수 없다.
> ② 안경을 낀 사람은 모두 여행을 좋아하므로 여행을 좋아하지 않는 안경 낀 사람은 있을 수 없게 되어 주어진 명제는 참이 아닌 명제가 된다.
> ④ 여행을 좋아하는 사람은 야구선수일 수도, 아닐 수도 있으므로 항상 참이 되는 명제는 아니다.

18 다음에 제시된 명제를 통해 내린 결론 (개)~(대)에 대한 설명으로 올바른 것은 어느 것인가?

> 허리가 좋지 않은 사람은 걷기 운동을 열심히 한다.

> (개) 걷기 운동을 열심히 하면 허리가 좋지 않은 사람이다.
> (내) 걷기 운동을 열심히 하지 않으면 허리가 좋은 사람이다.
> (대) 허리가 좋은 사람은 걷기 운동을 열심히 하지 않는다.

① 반드시 참인 명제는 (개)뿐이다.   ② 반드시 참인 명제는 (내)뿐이다.

③ 반드시 참인 명제는 (대)뿐이다.   ④ 반드시 참인 명제는 (내)와 (대)뿐이다.

> ✔해설 '허리가 좋지 않은 사람'을 A로, '걷기 운동을 열심히 한다'를 B로 바꾸어 생각하면,
> A→B가 참일 때, 대우 명제인 ~B→~A도 참이 된다.
> 또한 역 명제인 B→A와 이 명제인 ~A→~B는 참일 수도, 참이 아닐 수도 있게 된다.
> 따라서 주어진 명제의 대우 명제인 (내)의 명제는 반드시 참이 되며, 역 명제인 (개)와 이 명제인 (대)는 반드시 참이라고 말할 수 없다.

19 다음에 제시된 명제가 모두 참일 때, 반드시 참이라고 할 수 있는 것은 어느 것인가?

> • 배가 아픈 사람은 식욕이 좋지 않다.
> • 배가 아프지 않은 사람은 홍차를 좋아하지 않는다.
> • 웃음이 많은 사람은 식욕이 좋다.

① 식욕이 좋지 않은 사람은 배가 아프다.

② 배가 아프지 않은 사람은 웃음이 많다.

③ 배가 아픈 사람은 홍차를 좋아한다.

④ 홍차를 좋아하는 사람은 웃음이 많지 않다.

> ✔️해설 참인 명제의 대우 명제는 항상 참이며, 역과 이 명제는 참일 수도, 참이 아닐 수도 있다는 근거를 통해 해결할 수 있다.
> 따라서 주어진 명제들의 대우 명제를 이용하여 삼단논법에 의한 새로운 참인 명제를 다음과 같이 도출할 수 있다.
> – 두 번째 명제의 대우 명제 : 홍차를 좋아하는 사람은 배가 아프다. →A
> – 세 번째 명제의 대우 명제 : 식욕이 좋지 않은 사람은 웃음이 많지 않다. →B
> A+첫 번째 명제+B→홍차를 좋아하는 사람은 웃음이 많지 않다.
> ① 첫 번째 명제의 역 명제이므로 반드시 참이라고 할 수 없다.
> ② '세 번째 명제+첫 번째 명제의 대우 명제'의 역 명제이므로 반드시 참이라고 할 수 없다.
> ③ 두 번째 명제의 이 명제이므로 반드시 참이라고 할 수 없다.

20 다음의 대화에서 수지가 전제하고 있는 것으로 올바른 것은?

> 수지 : 엄마! 저 아저씨 좀 봐.
> 엄마 : 누구를 말하는 거니?
> 수지 : 저기 형광조끼입고 서있는 아저씨! 총을 가지고 있는 걸 보니 경찰아저씨인가 봐.

① 경찰은 모두 총을 가지고 있다. ② 형광조끼를 입고 있는 사람은 경찰이다.

③ 저 아저씨는 군인이 아니다. ④ 경찰만이 총을 가지고 있다.

> ✔️해설 "총을 가지고 있는 걸 보니 경찰아저씨인가 봐."라는 수지의 말은 경찰이 아닌 사람은 총을 가지고 있지 않다는 것을 전제하고 있다.

| 21~23 | 다음 도형들의 일정한 규칙을 찾아 빈칸에 들어갈 알맞은 도형을 고르시오.

21

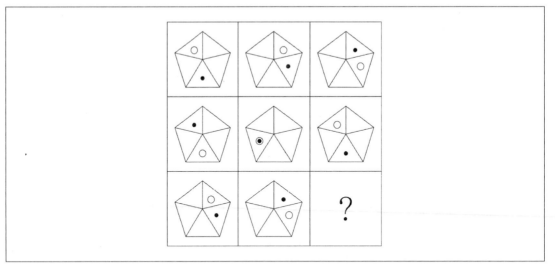

① 　　　　②

③ 　　　　④

✔해설 흰색 동그라미는 시계 방향으로 한 칸씩, 검은색 점은 반시계 방향으로 한 칸씩 이동하고 있다.

22

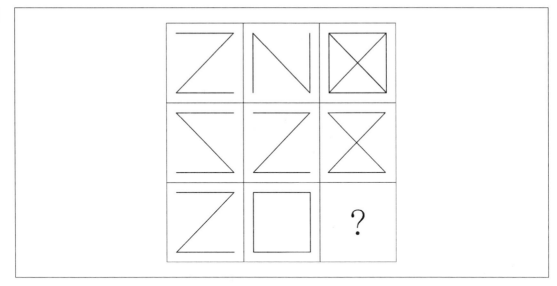

①   ②

③   ④

✔해설 각 행마다 첫 번째 도형과 두 번째 도형이 합쳐져서 세 번째 도형의 모양이 된다.

23

① 　　　　②

③ 　　　　④

✔해설 각 줄의 첫 번째 칸, 두 번째 칸에 있는 도형에서 사각형 위치별로 '흰색+검은색'이거나 '검은색+흰색'이면 세 번째 칸 도형에서 '검은색'으로 나타나고, '흰색+흰색'이거나 '검은색+검은색'이면 '흰색'으로 나타나는 규칙을 가진다.

| 24~25 | 다음에 제시된 세 개의 단면을 참고하여 해당되는 입체도형을 고르시오.

24

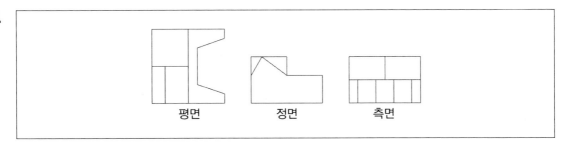

평면   정면   측면

①
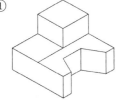

②
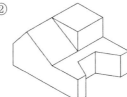

③
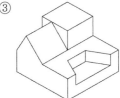

④
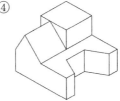

✔ 해설 ① 평면, 정면, 측면 모두 제시된 모양과 다르다.
② 평면, 정면의 모양이 제시된 모양과 다르다.
③ 평면, 측면의 모양이 제시된 모양과 다르다.

Answer 23.③ 24.④

25

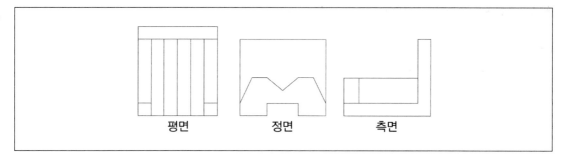

평면 　　　 정면 　　　 측면

①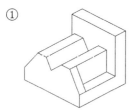

②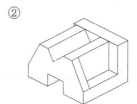

③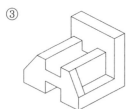

④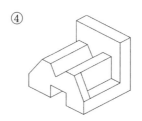

✔ 해설　① 정면의 모양이 제시된 모양과 다르다.
　　　　② 정면, 측면의 모양이 제시된 모양과 다르다.
　　　　③ 평면, 정면의 모양이 제시된 모양과 다르다.

26

①

②

③

④

✔ 해설

27

①

②

③

④

✔ 해설

28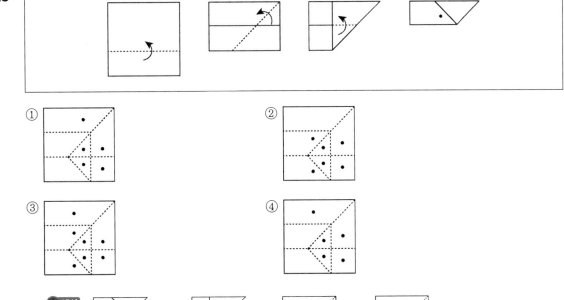

① ② ③ ④

✔해설

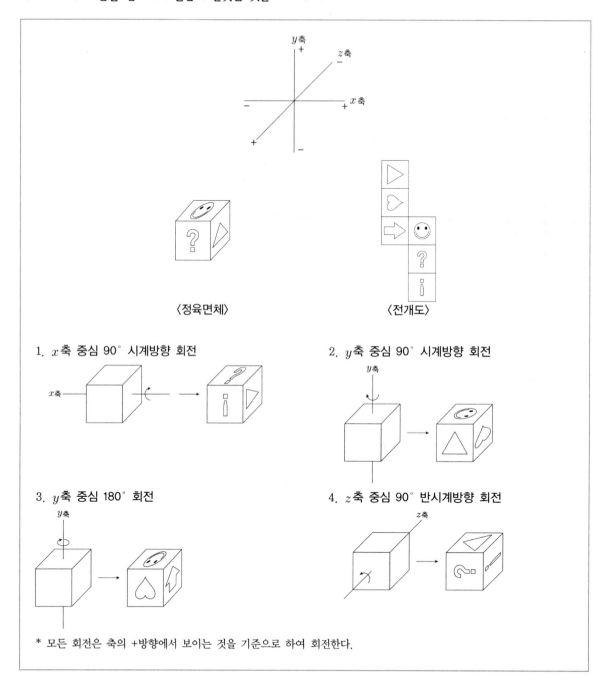

〈정육면체〉　　　　〈전개도〉

1. x축 중심 90° 시계방향 회전

2. y축 중심 90° 시계방향 회전

3. y축 중심 180° 회전

4. z축 중심 90° 반시계방향 회전

* 모든 회전은 축의 +방향에서 보이는 것을 기준으로 하여 회전한다.

29 다음과 같은 정육면체가 오른쪽의 전개도를 가진다고 할 때, 정육면체를 x축을 중심으로 하여 반시계 방향으로 90°, z축을 중심으로 하여 반시계방향으로 90° 회전시킨 것은?

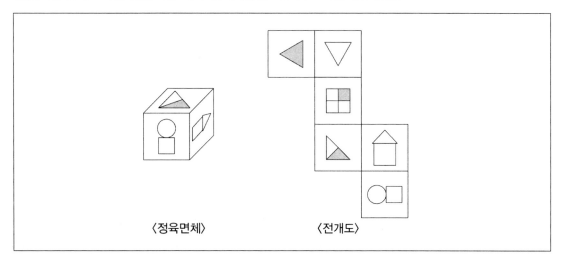

〈정육면체〉　　〈전개도〉

① ② ③ ④

✔해설

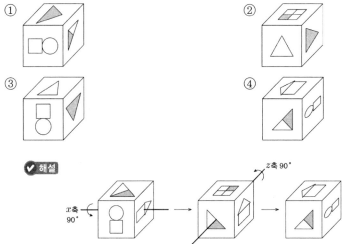

x축 90°　　z축 90°

30 다음과 같은 정육면체가 오른쪽의 전개도를 가진다고 할 때, 정육면체를 y축을 중심으로 하여 $180°$, z축을 중심으로 하여 시계방향으로 $90°$ 회전시킨 것은?

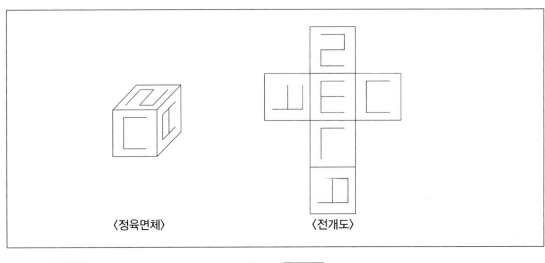

〈정육면체〉　　　〈전개도〉

①　　　　　　　②

③　　　　　　　④

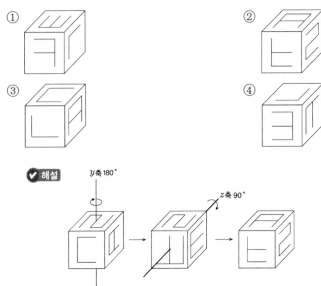

✔해설

| 31～32 | 다음에 제시되는 도형의 규칙을 적용하여 마지막에 제시되어야 하는 도형을 고르시오.

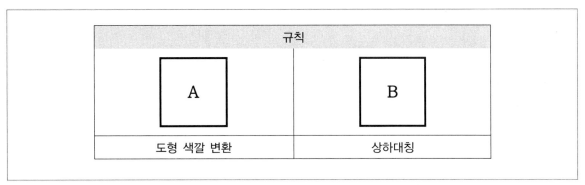

31

① ② ③ ④

Answer　30.② 31.③

32

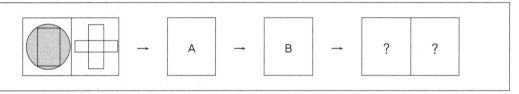

① 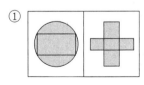　　　②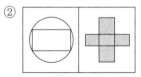

③ 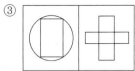　　　④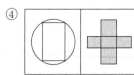

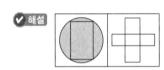 A 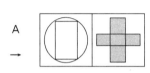 B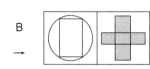

▌33~34▐ 다음에 제시되는 도형의 규칙을 적용하여 마지막에 제시되어야 하는 도형을 고르시오.

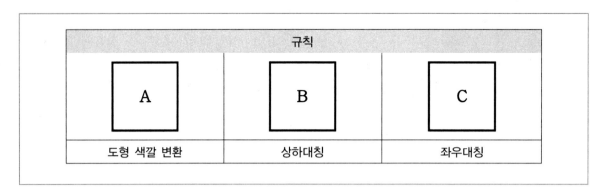

33

① 　②

③ 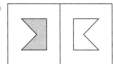　④

✔해설 A → B → C →

34

① 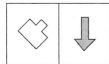　②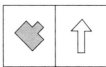

③ 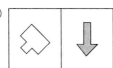　④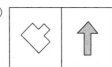

✔해설 A → B → C →

┃35~36┃ 다음에 제시되는 도형의 규칙을 적용하여 마지막에 제시되어야 하는 도형을 고르시오. (단, Y는 모양 같음, N은 모양 다름이다)

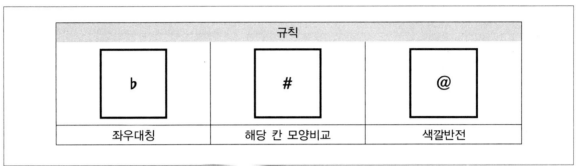

규칙		
b	#	@
좌우대칭	해당 칸 모양비교	색깔반전

35

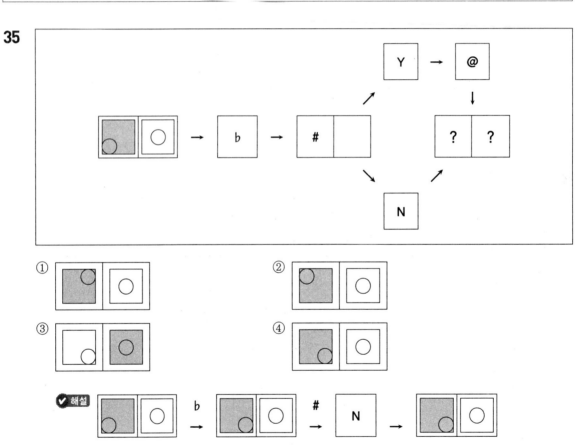

① ② ③ ④

✔**해설**

36

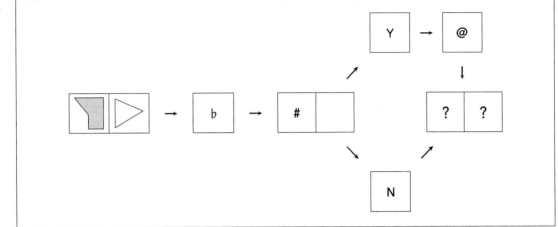

①    ②

③    ④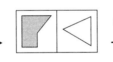

해설

▌37~38 ▌ 다음 〈예시〉를 참고하여 주어진 각 도형을 거치면서 표가 변화하는 규칙을 파악하여 '?'에 들어갈 알맞은 것을 고르시오.

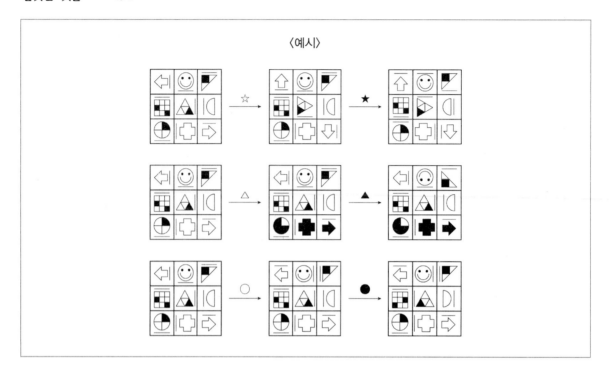

37

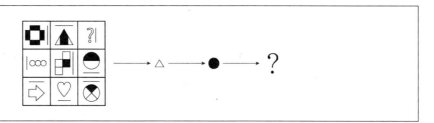

①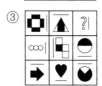

②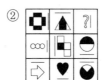

③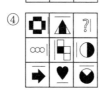

④

✔해설 ☆ : 대각선(╲)에 위치한 전체(도형+직선) 시계방향으로 90° 회전
★ : 모든 직선을 반대 방향으로 이동
△ : 3행 도형을 색반전
▲ : 1행 도형을 상하대칭
○ : 1행 직선을 반시계방향으로 90° 회전
● : 2행 전체(도형+직선) 좌우대칭

38

① 　　　②

③ 　　　④

✔해설

▌39~40 ▌ 다음 [조건 1], [조건 2], [조건 3]을 적용하면 다음과 같은 규칙이 될 때, '?'에 들어갈 도형으로 알맞은 것은?

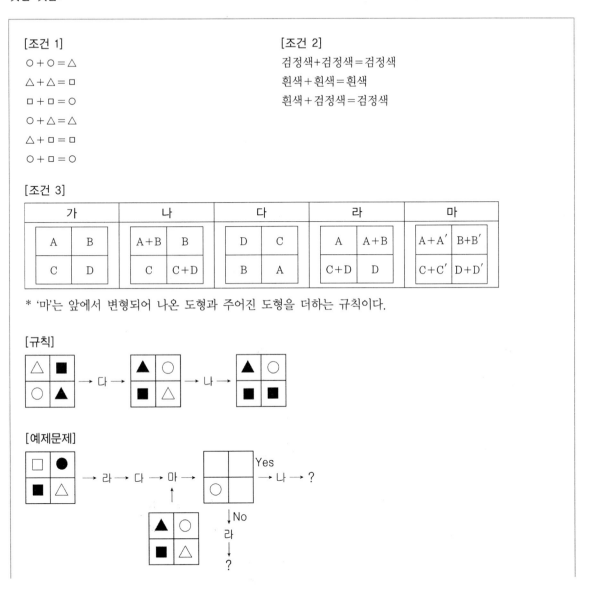

[조건 1]

$\bigcirc + \bigcirc = \triangle$

$\triangle + \triangle = \square$

$\square + \square = \bigcirc$

$\bigcirc + \triangle = \triangle$

$\triangle + \square = \square$

$\bigcirc + \square = \bigcirc$

[조건 2]

검정색+검정색=검정색

흰색+흰색=흰색

흰색+검정색=검정색

[조건 3]

가		나		다		라		마	
A	B	A+B	B	D	C	A	A+B	A+A′	B+B′
C	D	C	C+D	B	A	C+D	D	C+C′	D+D′

* '마'는 앞에서 변형되어 나온 도형과 주어진 도형을 더하는 규칙이다.

[규칙]

[예제문제]

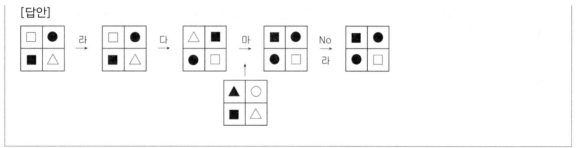

39

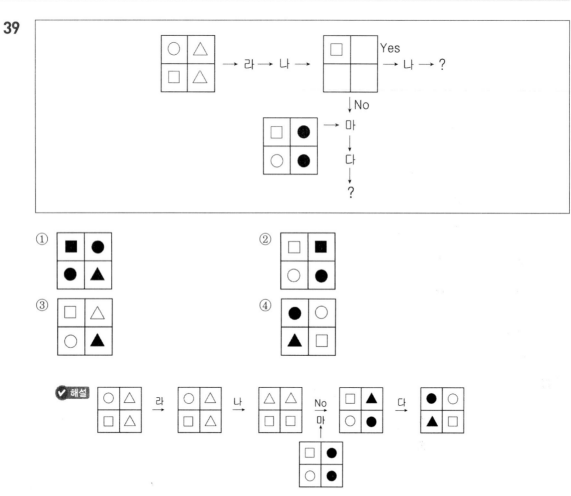

40

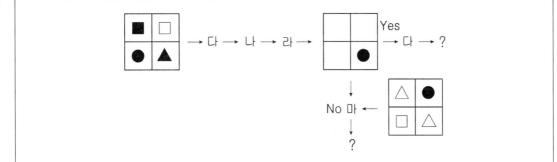

✔해설 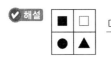 다 나 라 Yes 다

인성검사

인성검사의 개요

1 인성(성격)검사의 개념과 목적

인성(성격)이란 개인을 특징짓는 평범하고 일상적인 사회적 이미지, 즉 지속적이고 일관된 공적 성격(Public – personality)이며, 환경에 대응함으로써 선천적 · 후천적 요소의 상호작용으로 결정화된 심리적 · 사회적 특성 및 경향을 의미한다.

인성검사는 직무적성검사를 실시하는 대부분의 기업체에서 병행하여 실시하고 있으며, 인성검사만 독자적으로 실시하는 기업도 있다.

기업체에서는 인성검사를 통하여 각 개인이 어떠한 성격 특성이 발달되어 있고, 어떤 특성이 얼마나 부족한지, 그것이 해당 직무의 특성 및 조직문화와 얼마나 맞는지를 알아보고 이에 적합한 인재를 선발하고자 한다. 또한 개인에게 적합한 직무 배분과 부족한 부분을 교육을 통해 보완하도록 할 수 있다.

인성검사의 측정요소는 검사방법에 따라 차이가 있다. 또한 각 기업체들이 사용하고 있는 인성검사는 기존에 개발된 인성검사방법에 각 기업체의 인재상을 적용하여 자신들에게 적합하게 재개발하여 사용하는 경우가 많다. 그러므로 기업체에서 요구하는 인재상을 파악하여 그에 따른 대비책을 준비하는 것이 바람직하다. 본서에서 제시된 인성검사는 크게 '특성'과 '유형'의 측면에서 측정하게 된다.

2 성격의 특성

(1) 정서적 측면

정서적 측면은 평소 당연시하는 자세나 정신상태가 얼마나 안정되어 있는지 또는 불안정한지를 측정한다.

정서의 상태는 직무수행이나 대인관계와 관련하여 태도나 행동으로 드러난다. 그러므로 정서적 측면을 측정하여 장래 조직 내의 인간관계에 어느 정도 잘 적응할 수 있을까(또는 적응하지 못할까)를 예측하는 것이 가능하다.

그렇기 때문에, 정서적 측면의 결과는 채용 시에 상당히 중시된다. 아무리 능력이 좋아도 장기적으로 조직 내의 인간관계에 잘 적응할 수 없다고 판단되는 인재는 기본적으로 채용되지 않는다.

일반적으로 인성(성격)검사는 채용과는 관계없다고 생각하나 정서적으로 조직에 적응하지 못하는 인재는 채용단계에서 가려내지는 것을 유의하여야 한다.

① **민감성**(신경도) … 꼼꼼함, 섬세함, 성실함 등의 요소를 통해 일반적으로 신경질적인지 또는 자신의 존재를 위협받는다는 불안을 갖기 쉬운지를 측정한다.

질문	그렇	약간 그렇다	그저 그렇다	별로 그렇지 않다	그렇지 않다
• 남을 잘 배려한다고 생각한다.					
• 어질러진 방에 있으면 불안하다.					
• 실패 후에는 불안하다.					
• 세세한 것까지 신경 쓴다.					
• 이유 없이 불안할 때가 있다.					

▶측정결과

㉠ '그렇다'가 많은 경우(상처받기 쉬운 유형) : 사소한 일에 신경쓰고 다른 사람의 사소한 한마디 말에 상처를 받기 쉽다.
 • 면접관의 심리 : '동료들과 잘 지낼 수 있을까?', '실패할 때마다 위축되지 않을까?'
 • 면접대책 : 다소 신경질적이라도 능력을 발휘할 수 있다는 평가를 얻도록 한다. 주변과 충분한 의사소통이 가능하고, 결정한 것을 실행할 수 있다는 것을 보여주어야 한다.
㉡ '그렇지 않다'가 많은 경우(정신적으로 안정적인 유형) : 사소한 일에 신경쓰지 않고 금방 해결하며, 주위 사람의 말에 과민하게 반응하지 않는다.
 • 면접관의 심리 : '계약할 때 필요한 유형이고, 사고 발생에도 유연하게 대처할 수 있다.'
 • 면접대책 : 일반적으로 '민감성'의 측정치가 낮으면 플러스 평가를 받으므로 더욱 자신감 있는 모습을 보여준다.

② **자책성(과민도)** … 자신을 비난하거나 책망하는 정도를 측정한다.

질문	그렇다	약간 그렇다	그저 그렇다	별로 그렇지 않다	그렇지 않다
• 후회하는 일이 많다. • 자신이 하찮은 존재라 생각된다. • 문제가 발생하면 자기의 탓이라고 생각한다. • 무슨 일이든지 끙끙대며 진행하는 경향이 있다. • 온순한 편이다.					

▶측정결과

㉠ '그렇다'가 많은 경우(자책하는 유형) : 비관적이고 후회하는 유형이다.
 • 면접관의 심리 : '끙끙대며 괴로워하고, 일을 진행하지 못할 것 같다.'
 • 면접대책 : 기분이 서소해도 항상 의욕을 가시고 생활하는 것과 책임김이 깅하다는 깃을 보여준디.
㉡ '그렇지 않다'가 많은 경우(낙천적인 유형) : 기분이 항상 밝은 편이다.
 • 면접관의 심리 : '안정된 대인관계를 맺을 수 있고, 외부의 압력에도 흔들리지 않는다.'
 • 면접대책 : 일반적으로 '자책성'의 측정치가 낮아야 좋은 평가를 받는다.

③ **기분성(불안도)** … 기분의 굴곡이나 감정적인 면의 미숙함이 어느 정도인지를 측정하는 것이다.

질문	그렇다	약간 그렇다	그저 그렇다	별로 그렇지 않다	그렇지 않다
• 다른 사람의 의견에 자신의 결정이 흔들리는 경우가 많다. • 기분이 쉽게 변한다. • 종종 후회한다. • 다른 사람보다 의지가 약한 편이라고 생각한다. • 금방 싫증을 내는 성격이라는 말을 자주 듣는다.					

▶측정결과

㉠ '그렇다'가 많은 경우(감정의 기복이 많은 유형) : 의지력보다 기분에 따라 행동하기 쉽다.
 • 면접관의 심리 : '감정적인 것에 약하며, 상황에 따라 생산성이 떨어지지 않을까?'
 • 면접대책 : 주변 사람들과 항상 협조한다는 것을 강조하고 한결같은 상태로 일할 수 있다는 평가를 받도록 한다.
㉡ '그렇지 않다'가 많은 경우(감정의 기복이 적은 유형) : 감정의 기복이 없고, 안정적이다.
 • 면접관의 심리 : '안정적으로 업무에 임할 수 있다.'
 • 면접대책 : 기분성의 측정치가 낮으면 플러스 평가를 받으므로 자신감을 가지고 면접에 임한다.

④ **독자성(개인도)** … 주변에 대한 견해나 관심, 자신의 견해나 생각에 어느 정도의 속박감을 가지고 있는지를 측정한다.

질문	그렇다	약간 그렇다	그저 그렇다	별로 그렇지 않다	그렇지 않다
• 창의적 사고방식을 가지고 있다.					
• 융통성이 있는 편이다.					
• 혼자 있는 편이 많은 사람과 있는 것보다 편하다.					
• 개성적이라는 말을 듣는다.					
• 교제는 번거로운 것이라고 생각하는 경우가 많다.					

▶측정결과

㉠ '그렇다'가 많은 경우 : 자기의 관점을 중요하게 생각하는 유형으로, 주위의 상황보다 자신의 느낌과 생각을 중시한다.
  • 면접관의 심리 : '제멋대로 행동하지 않을까?'
  • 면접대책 : 주위 사람과 협조하여 일을 진행할 수 있다는 것과 상식에 얽매이지 않는다는 인상을 심어준다.

㉡ '그렇지 않다'가 많은 경우 : 상식적으로 행동하고 주변 사람의 시선에 신경을 쓴다.
  • 면접관의 심리 : '다른 직원들과 협조하여 업무를 진행할 수 있겠다.'
  • 면접대책 : 협조성이 요구되는 기업체에서는 플러스 평가를 받을 수 있다.

⑤ **자신감(자존심도)** … 자기 자신에 대해 얼마나 긍정적으로 평가하는지를 측정한다.

질문	그렇다	약간 그렇다	그저 그렇다	별로 그렇지 않다	그렇지 않다
• 다른 사람보다 능력이 뛰어나다고 생각한다. • 다소 반대의견이 있어도 나만의 생각으로 행동할 수 있다. • 나는 다른 사람보다 기가 센 편이다. • 동료가 나를 모욕해도 무시할 수 있다. • 대개의 일을 목적한 대로 헤쳐나갈 수 있다고 생각한다.					

▶측정결과

㉠ '그렇다'가 많은 경우: 자기 능력이나 외모 등에 자신감이 있고, 비판당하는 것을 좋아하지 않는다.
• 면접관의 심리: '자만하여 지시에 잘 따를 수 있을까?'
• 면접대책: 다른 사람의 조언을 잘 받아들이고, 겸허하게 반성하는 면이 있다는 것을 보여주고, 동료들과 잘 지내며 리더의 자질이 있다는 것을 강조한다.

㉡ '그렇지 않다'가 많은 경우: 자신감이 없고 다른 사람의 비판에 약하다.
• 면접관의 심리: '패기가 부족하지 않을까?', '쉽게 좌절하지 않을까?'
• 면접대책: 극도의 자신감 부족으로 평가되지는 않는다. 그러나 마음이 약한 면은 있지만 의욕적으로 일을 하겠다는 마음가짐을 보여준다.

⑥ **고양성(분위기에 들뜨는 정도)** … 자유분방함, 명랑함과 같이 감정(기분)의 높고 낮음의 정도를 측정한다.

질문	그렇다	약간 그렇다	그저 그렇다	별로 그렇지 않다	그렇지 않다
• 침착하지 못한 편이다. • 다른 사람보다 쉽게 우쭐해진다. • 모든 사람이 아는 유명인사가 되고 싶다. • 모임이나 집단에서 분위기를 이끄는 편이다. • 취미 등이 오랫동안 지속되지 않는 편이다.					

▶측정결과

㉠ '그렇다'가 많은 경우 : 자극이나 변화가 있는 일상을 원하고 기분을 들뜨게 하는 사람과 친밀하게 지내는 경향이 강하다.

• 면접관의 심리 : '일을 진행하는 데 변덕스럽지 않을까?'

• 면접대책 : 밝은 태도는 플러스 평가를 받을 수 있지만, 착실한 업무능력이 요구되는 직종에서는 마이너스 평가가 될 수 있다. 따라서 자기조절이 가능하다는 것을 보여준다.

㉡ '그렇지 않다'가 많은 경우 : 감정이 항상 일정하고, 속을 드러내 보이지 않는다.

• 면접관의 심리 : '안정적인 업무 태도를 기대할 수 있겠다.'

• 면접대책 : '고양성'의 낮음은 대체로 플러스 평가를 받을 수 있다. 그러나 '무엇을 생각하고 있는지 모르겠다' 등의 평을 듣지 않도록 주의한다.

⑦ 허위성(진위성) … 필요 이상으로 자기를 좋게 보이려 하거나 기업체가 원하는 '이상형'에 맞춘 대답을 하고 있는지, 없는지를 측정한다.

질문	그렇다	약간 그렇다	그저 그렇다	별로 그렇지 않다	그렇지 않다
• 약속을 깨뜨린 적이 한 번도 없다.					
• 다른 사람을 부럽다고 생각해 본 적이 없다.					
• 꾸지람을 들은 적이 없다.					
• 사람을 미워한 적이 없다.					
• 화를 낸 적이 한 번도 없다.					

▶측정결과

㉠ '그렇다'가 많은 경우 : 실제의 자기와는 다른, 말하자면 원칙으로 해답할 가능성이 있다.

• 면접관의 심리 : '거짓을 말하고 있다.'

• 면접대책 : 조금이라도 좋게 보이려고 하는 '거짓말쟁이'로 평가될 수 있다. '거짓을 말하고 있다.'는 마음 따위가 전혀 없다 해도 결과적으로는 정직하게 답하지 않는다는 것이·되어 버린다. '허위성'의 측정 질문은 구분되지 않고 다른 질문 중에 섞여 있다. 그러므로 모든 질문에 솔직하게 답하여야 한다. 또한 자기 자신과 너무 동떨어진 이미지로 답하면 좋은 결과를 얻지 못한다. 그리고 면접에서 '허위성'을 기본으로 한 질문을 받게 되므로 당황하거나 또 다른 모순된 답변을 하게 된다. 겉치레를 하거나 무리한 욕심을 부리지 말고 '이런 사회인이 되고 싶다.'는 현재의 자신보다, 조금 성장한 자신을 표현하는 정도가 적당하다.

㉡ '그렇지 않다'가 많은 경우 : 냉정하고 정직하며, 외부의 압력과 스트레스에 강한 유형이다. '대쪽 같음'의 이미지가 굳어지지 않도록 주의한다.

(2) 행동적인 측면

행동적 측면은 인격 중에 특히 행동으로 드러나기 쉬운 측면을 측정한다. 사람의 행동 특징 자체에는 선도 악도 없으나, 일반적으로는 일의 내용에 의해 원하는 행동이 있다. 때문에 행동적 측면은 주로 직종과 깊은 관계가 있는데 자신의 행동 특성을 살려 적합한 직종을 선택한다면 플러스가 될 수 있다.

행동 특성에서 보여 지는 특징은 면접장면에서도 드러나기 쉬운데 본서의 모의 TEST 결과를 참고하여 자신의 태도, 행동이 면접관의 시선에 어떻게 비치는지를 점검하도록 한다.

① **사회적 내향성** … 대인관계에서 나타나는 행동경향으로 '낯가림'을 측정한다.

질문	선택
A : 파티에서는 사람을 소개받는 편이다. B : 파티에서는 사람을 소개하는 편이다.	
A : 처음 보는 사람과는 어색하게 시간을 보내는 편이다. B : 처음 보는 사람과는 즐거운 시간을 보내는 편이다.	
A : 친구가 적은 편이다. B : 친구가 많은 편이다.	
A : 자신의 의견을 말하는 경우가 적다. B : 자신의 의견을 말하는 경우가 많다.	
A : 사교적인 모임에 참석하는 것을 좋아하지 않는다. B : 사교적인 모임에 항상 참석한다.	

▶측정결과

㉠ 'A'가 많은 경우 : 내성적이고 사람들과 접하는 것에 소극적이다. 자신의 의견을 말하지 않고 조심스러운 편이다.
- 면접관의 심리 : '소극적인데 동료와 잘 지낼 수 있을까?'
- 면접대책 : 대인관계를 맺는 것을 싫어하지 않고 의욕적으로 일을 할 수 있다는 것을 보여준다.

㉡ 'B'가 많은 경우 : 사교적이고 자기의 생각을 명확하게 전달할 수 있다.
- 면접관의 심리 : '사교적이고 활동적인 것은 좋지만, 자기주장이 너무 강하지 않을까?'
- 면접대책 : 협조성을 보여주고, 자기주장이 너무 강하다는 인상을 주지 않도록 주의한다.

② 내성성(침착도) … 자신의 행동과 일에 대해 침착하게 생각하는 정도를 측정한다.

질문	선택
A : 시간이 걸려도 침착하게 생각하는 경우가 많다. B : 짧은 시간에 결정을 하는 경우가 많다.	
A : 실패의 원인을 찾고 반성하는 편이다. B : 실패를 해도 그다지(별로) 개의치 않는다.	
A : 결론이 도출되어도 몇 번 정도 생각을 바꾼다. B : 결론이 도출되면 신속하게 행동으로 옮긴다.	
A : 여러 가지 생각하는 것이 능숙하다. B : 여러 가지 일을 재빨리 능숙하게 처리하는 데 익숙하다.	
A : 여러 가지 측면에서 사물을 검토한다. B : 행동한 후 생각을 한다.	

▶측정결과

㉠ 'A'가 많은 경우 : 행동하기 보다는 생각하는 것을 좋아하고 신중하게 계획을 세워 실행한다.
 • 면접관의 심리 : '행동으로 실천하지 못하고, 대응이 늦은 경향이 있지 않을까?'
 • 면접대책 : 발로 뛰는 것을 좋아하고, 일을 더디게 한다는 인상을 주지 않도록 한다.

㉡ 'B'가 많은 경우 : 차분하게 생각하는 것보다 우선 행동하는 유형이다.
 • 면접관의 심리 : '생각하는 것을 싫어하고 경솔한 행동을 하지 않을까?'
 • 면접대책 : 계획을 세우고 행동할 수 있는 것을 보여주고 '사려 깊다'라는 인상을 남기도록 한다.

③ 신체활동성 … 몸을 움직이는 것을 좋아하는가를 측정한다.

질문	선택
A : 민첩하게 활동하는 편이다. B : 준비행동이 없는 편이다.	
A : 일을 척척 해치우는 편이다. B : 일을 더디게 처리하는 편이다.	
A : 활발하다는 말을 듣는다. B : 얌전하다는 말을 듣는다.	
A : 몸을 움직이는 것을 좋아한다. B : 가만히 있는 것을 좋아한다.	
A : 스포츠를 하는 것을 즐긴다. B : 스포츠를 보는 것을 좋아한다.	

▶측정결과

㉠ 'A'가 많은 경우 : 활동적이고, 몸을 움직이게 하는 것이 컨디션이 좋다.
- 면접관의 심리 : '활동적으로 활동력이 좋아 보인다.'
- 면접대책 : 활동하고 얻은 성과 등과 주어진 상황의 대응능력을 보여준다.

㉡ 'B'가 많은 경우 : 침착한 인상으로, 차분하게 있는 타입이다.
- 면접관의 심리 : '좀처럼 행동하려 하지 않아 보이고, 일을 빠르게 처리할 수 있을까?'

④ 지속성(노력성) … 무슨 일이든 포기하지 않고 끈기 있게 하려는 정도를 측정한다.

질문	선택
A : 일단 시작한 일은 시간이 걸려도 끝까지 마무리한다. B : 일을 하다 어려움에 부딪히면 단념한다.	
A : 끈질긴 편이다. B : 바로 단념하는 편이다.	
A : 인내가 강하다는 말을 듣는다. B : 금방 싫증을 낸다는 말을 듣는다.	
A : 집념이 깊은 편이다. B : 담백한 편이다.	
A : 한 가지 일에 구애되는 것이 좋다고 생각한다. B : 간단하게 체념하는 것이 좋다고 생각한다.	

▶측정결과

㉠ 'A'가 많은 경우 : 시작한 것은 어려움이 있어도 포기하지 않고 인내심이 높다.

• 면접관의 심리 : '한 가지의 일에 너무 구애되고, 업무의 진행이 원활할까?'

• 면접대책 : 인내력이 있는 것은 플러스 평가를 받을 수 있지만 집착이 강해 보이기도 한다.

㉡ 'B'가 많은 경우 : 뒤끝이 없고 조그만 실패로 일을 포기하기 쉽다.

• 면접관의 심리 : '질리는 경향이 있고, 일을 정확히 끝낼 수 있을까?'

• 면접대책 : 지속적인 노력으로 성공했던 사례를 준비하도록 한다.

⑤ 신중성(주의성) … 자신이 처한 주변상황을 즉시 파악하는지, 계획하여 일을 진행하는지를 측정한다.

질문	선택
A : 여러 가지로 생각하면서 완벽하게 준비하는 편이다. B : 행동할 때부터 임기응변적인 대응을 하는 편이다.	
A : 신중해서 타이밍을 놓치는 편이다. B : 준비 부족으로 실패하는 편이다.	
A : 자신은 어떤 일에도 신중히 대응하는 편이다. B : 순간적인 충동으로 활동하는 편이다.	
A : 시험을 볼 때 끝날 때까지 재검토하는 편이다. B : 시험을 볼 때 한 번에 모든 것을 마치는 편이다.	
A : 일에 대해 계획표를 만들어 실행한다. B : 일에 대한 계획표 없이 진행한다.	

▶측정결과

㉠ 'A'가 많은 경우 : 주변 상황에 민감하고, 예측하여 계획 있게 일을 진행한다.

• 면접관의 심리 : '너무 신중해서 적절한 판단을 할 수 있을까?', '앞으로의 상황에 불안을 느끼지 않을까?'

• 면접대책 : 예측을 하고 실행을 하는 것은 플러스 평가가 되지만, 너무 신중하면 일의 진행이 정체될 가능성을 보이므로 추진력이 있다는 강한 의욕을 보여준다.

㉡ 'B'가 많은 경우 : 주변 상황을 살펴보지 않고 착실한 계획 없이 일을 진행시킨다.

• 면접관의 심리 : '사려 깊지 않고, 실패하는 일이 많지 않을까?', '판단이 빠르고 유연한 사고를 할 수 있을까?'

• 면접대책 : 사전준비를 중요하게 생각하고 있다는 것 등을 보여주고, 경솔한 인상을 주지 않도록 한다. 또한 판단력이 빠르거나 유연한 사고 덕분에 일 처리를 잘 할 수 있다는 것을 강조한다.

(3) 의욕적인 측면

의욕적인 측면은 의욕의 정도, 활동력의 유무 등을 측정한다. 여기서의 의욕이란 우리들이 보통 말하고 사용하는 '하려는 의지'와는 조금 뉘앙스가 다르다. '하려는 의지'란 그 때의 환경이나 기분에 따라 변화하는 것이지만, 여기에서는 조금 더 변화하기 어려운 특징, 말하자면 정신적 에너지의 양으로 측정하는 것이다.

의욕적 측면은 행동적 측면과는 다르고, 전반적으로 어느 정도 점수가 높은 쪽을 선호한다. 모의검사의 의욕적 측면의 결과가 낮다면, 평소 일에 몰두할 때 조금 의욕 있는 자세를 가지고 서서히 개선하도록 노력해야 한다.

① 달성의욕 … 목적의식을 가지고 높은 이상을 가지고 있는지를 측정한다.

질문	선택
A : 경쟁심이 강한 편이다. B : 경쟁심이 약한 편이다.	
A : 어떤 한 분야에서 제1인자가 되고 싶다고 생각한다. B : 어느 분야에서든 성실하게 임무를 진행하고 싶다고 생각한다.	
A : 규모가 큰일을 해보고 싶다. B : 맡은 일에 충실히 임하고 싶다.	
A : 아무리 노력해도 실패한 것은 아무런 도움이 되지 않는다. B : 가령 실패했을 지라도 나름대로의 노력이 있었으므로 괜찮다.	
A : 높은 목표를 설정하여 수행하는 것이 의욕적이다. B : 실현 가능한 정도의 목표를 설정하는 것이 의욕적이다.	

▶측정결과

㉠ 'A'가 많은 경우 : 큰 목표와 높은 이상을 가지고 승부욕이 강한 편이다.
- 면접관의 심리 : '열심히 일을 해줄 것 같은 유형이다.'
- 면접대책 : 달성의욕이 높다는 것은 어떤 직종이라도 플러스 평가가 된다.

㉡ 'B'가 많은 경우 : 현재의 생활을 소중하게 여기고 비약적인 발전을 위하여 기를 쓰지 않는다.
- 면접관의 심리 : '외부의 압력에 약하고, 기획입안 등을 하기 어려울 것이다.'
- 면접대책 : 일을 통하여 하고 싶은 것들을 구체적으로 어필한다.

② **활동의욕** … 자신에게 잠재된 에너지의 크기로, 정신적인 측면의 활동력이라 할 수 있다.

질문	선택
A : 하고 싶은 일을 실행으로 옮기는 편이다. B : 하고 싶은 일을 좀처럼 실행할 수 없는 편이다.	
A : 어려운 문제를 해결해 가는 것이 좋다. B : 어려운 문제를 해결하는 것을 잘하지 못한다.	
A : 일반적으로 결단이 빠른 편이다. B : 일반적으로 결단이 느린 편이다.	
A : 곤란한 상황에도 도전하는 편이다. B : 사물의 본질을 깊게 관찰하는 편이다.	
A : 시원시원하다는 말을 잘 듣는다. B : 꼼꼼하다는 말을 잘 듣는다.	

▶측정결과

㉠ 'A'가 많은 경우 : 꾸물거리는 것을 싫어하고 재빠르게 결단해서 행동하는 타입이다.
 • 면접관의 심리 : '일을 처리하는 솜씨가 좋고, 일을 척척 진행할 수 있을 것 같다.'
 • 면접대책 : 활동의욕이 높은 것은 플러스 평가가 된다. 사교성이나 활동성이 강하다는 인상을 준다.
㉡ 'B'가 많은 경우 : 안전하고 확실한 방법을 모색하고 차분하게 시간을 아껴서 일에 임하는 타입이다.
 • 면접관의 심리 : '재빨리 행동을 못하고, 일의 처리속도가 느린 것이 아닐까?'
 • 면접대책 : 활동성이 있는 것을 좋아하고 움직임이 더디다는 인상을 주지 않도록 한다.

3 성격의 유형

(1) 인성검사유형의 4가지 척도

정서적인 측면, 행동적인 측면, 의욕적인 측면의 요소들은 성격 특성이라는 관점에서 제시된 것들로 각 개인의 장·단점을 파악하는 데 유용하다. 그러나 전체적인 개인의 인성을 이해하는 데는 한계가 있다.

성격의 유형은 개인의 '성격적인 특색'을 가리키는 것으로, 사회인으로서 적합한지, 아닌지를 말하는 관점과는 관계가 없다. 따라서 채용의 합격 여부에는 사용되지 않는 경우가 많으며, 입사 후의 적정 부서 배치의 자료가 되는 편이라 생각하면 된다. 그러나 채용과 관계가 없다고 해서 아무런 준비도 필요없는 것은 아니다. 자신을 아는 것은 면접 대책의 밑거름이 되므로 모의검사 결과를 충분히 활용하도록 하여야 한다.

본서에서는 4개의 척도를 사용하여 기본적으로 16개의 패턴으로 성격의 유형을 분류하고 있다. 각 개인의 성격이 어떤 유형인지 재빨리 파악하기 위해 사용되며, '적성'에 맞는지, 맞지 않는지의 관점에 활용된다.

- 흥미 · 관심의 방향 : 내향형 ←——————→ 외향형
- 사물에 대한 견해 : 직관형 ←——————→ 감각형
- 판단하는 방법 : 감정형 ←——————→ 사고형
- 환경에 대한 접근방법 : 지각형 ←——————→ 판단형

(2) 성격유형

① 흥미 · 관심의 방향(내향⇆외향) … 흥미 · 관심의 방향이 자신의 내면에 있는지, 주위환경 등 외면에 향하는 지를 가리키는 척도이다.

질문	선택
A : 내성적인 성격인 편이다. B : 개방적인 성격인 편이다.	
A : 항상 신중하게 생각을 하는 편이다. B : 바로 행동에 착수하는 편이다.	
A : 수수하고 조심스러운 편이다. B : 자기 표현력이 강한 편이다.	
A : 다른 사람과 함께 있으면 침착하지 않다. B : 혼자서 있으면 침착하지 않다.	

▶측정결과

㉠ 'A'가 많은 경우(내향) : 관심의 방향이 자기 내면에 있으며, 조용하고 낯을 가리는 유형이다. 행동력은 부족하나 집중력이 뛰어나고 신중하고 꼼꼼하다.

㉡ 'B'가 많은 경우(외향) : 관심의 방향이 외부환경에 있으며, 사교적이고 활동적인 유형이다. 꼼꼼함이 부족하여 대충하는 경향이 있으나 행동력이 있다.

② 일(사물)을 보는 방법(직관⇆감각) … 일(사물)을 보는 법이 직관적으로 형식에 얽매이는지, 감각적으로 상식적인지를 가리키는 척도이다.

질문	선택
A : 현실주의적인 편이다. B : 상상력이 풍부한 편이다.	
A : 정형적인 방법으로 일을 처리하는 것을 좋아한다. B : 만들어진 방법에 변화가 있는 것을 좋아한다.	
A : 경험에서 가장 적합한 방법으로 선택한다. B : 지금까지 없었던 새로운 방법을 개척하는 것을 좋아한다.	
A : 성실하다는 말을 듣는다. B : 호기심이 강하다는 말을 듣는다.	

▶측정결과
㉠ 'A'가 많은 경우(감각) : 현실적이고 경험주의적이며 보수적인 유형이다.
㉡ 'B'가 많은 경우(직관) : 새로운 주제를 좋아하며, 독자적인 시각을 가진 유형이다.

③ 판단하는 방법(감정⇆사고) … 일을 감정적으로 판단하는지, 논리적으로 판단하는지를 가리키는 척도이다.

질문	선택
A : 인간관계를 중시하는 편이다. B : 일의 내용을 중시하는 편이다.	
A : 결론을 자기의 신념과 감정에서 이끌어내는 편이다. B : 결론을 논리적 사고에 의거하여 내리는 편이다.	
A : 다른 사람보다 동정적이고 눈물이 많은 편이다. B : 다른 사람보다 이성적이고 냉정하게 대응하는 편이다.	

▶측정결과
㉠ 'A'가 많은 경우(감정) : 일을 판단할 때 마음·감정을 중요하게 여기는 유형이다. 감정이 풍부하고 친절하나 엄격함이 부족하고 우유부단하며, 합리성이 부족하다.
㉡ 'B'가 많은 경우(사고) : 일을 판단할 때 논리성을 중요하게 여기는 유형이다. 이성적이고 합리적이나 타인에 대한 배려가 부족하다.

④ 환경에 대한 접근방법(지각⇆판단) ··· 주변상황에 어떻게 접근하는지, 그 판단기준을 어디에 두는지를 측정한다.

질문	선택
A : 사전에 계획을 세우지 않고 행동한다. B : 반드시 계획을 세우고 그것에 의거해서 행동한다. A : 자유롭게 행동하는 것을 좋아한다. B : 조직적으로 행동하는 것을 좋아한다. A : 조직성이나 관습에 속박당하지 않는다. B : 조직성이나 관습을 중요하게 여긴다. A : 계획 없이 낭비가 심한 편이다. B : 예산을 세워 물건을 구입하는 편이다.	

▶측정결과

㉠ 'A'가 많은 경우(지각) : 일의 변화에 융통성을 가지고 유연하게 대응하는 유형이다. 낙관적이며 질서보다는 자유를 좋아하나 임기응변식의 대응으로 무계획적인 인상을 줄 수 있다.

㉡ 'B'가 많은 경우(판단) : 일의 진행시 계획을 세워서 실행하는 유형이다. 순차적으로 진행하는 일을 좋아하고 끈기가 있으나 변화에 대해 적절하게 대응하지 못하는 경향이 있다.

4 **인성검사의 대책**

(1) 미리 알아두어야 할 점

① 출제 문항 수 … 인성검사의 출제 문항 수는 특별히 정해진 것이 아니며 각 기업체의 기준에 따라 달라질 수 있다. 보통 100문항 이상에서 500문항까지 출제된다고 예상하면 된다.

② 출제형식

　㉠ 1Set로 묶인 세 개의 문항 중 자신에게 가장 가까운 것(Most)과 가장 먼 것(Least)을 하나씩 고르는 유형

다음 세 가지 문항 중 자신에게 가장 가까운 것은 Most, 가장 먼 것은 Least에 체크하시오.		
질문	Most	Least
① 자신의 생각이나 의견은 좀처럼 변하지 않는다.	✔	
② 구입한 후 끝까지 읽지 않은 책이 많다.		✔
③ 여행가기 전에 계획을 세운다.		

　㉡ '예' 아니면 '아니오'의 유형

다음 문항을 읽고 자신에게 해당되는지 안 되는지를 판단하여 해당될 경우 '예'를, 해당되지 않을 경우 '아니오'를 고르시오.		
질문	예	아니오
① 걱정거리가 있어서 잠을 못 잘 때가 있다.	✔	
② 시간에 쫓기는 것이 싫다.		✔

　㉢ 그 외의 유형

다음 문항에 대해서 평소에 자신이 생각하고 있는 것이나 행동하고 있는 것에 체크하시오.				
질문	전혀 그렇지 않다	그렇지 않다	그렇다	매우 그렇다
① 머리를 쓰는 것보다 땀을 흘리는 일이 좋다.			✔	
② 자신은 사교적이 아니라고 생각한다.	✔			

(2) 임하는 자세

① **솔직하게 있는 그대로 표현한다** … 인성검사는 평범한 일상생활 내용들을 다룬 짧은 문장과 어떤 대상이나 일에 대한 선호를 선택하는 문장으로 구성되었으므로 평소에 자신이 생각한 바를 너무 골똘히 생각하지 말고 문제를 보는 순간 떠오른 것을 표현한다.

② **모든 문제를 신속하게 대답한다** … 인성검사는 시간 제한이 없는 것이 원칙이지만 기업체들은 일정한 시간 제한을 두고 있다. 인성검사는 개인의 성격과 자질을 알아보기 위한 검사이기 때문에 정답이 없다. 다만, 기업체에서 바람직하게 생각하거나 기대되는 결과가 있을 뿐이다. 따라서 시간에 쫓겨서 대충 대답을 하는 것은 바람직하지 못하다.

③ **일관성 있게 대답한다** … 간혹 반복되는 문제들이 출제되기 때문에 일관성 있게 답하지 않으면 감점될 수 있으므로 유의한다. 실제로 공기업 인사부 직원의 인터뷰에 따르면 일관성이 없게 대답한 응시자들이 감점을 받아 탈락했다고 한다. 거짓된 응답을 하다보면 일관성 없는 결과가 나타날 수 있으므로 신속하고 솔직하게 체크하다 보면 일관성 있는 응답이 될 것이다.

④ **마지막까지 집중해서 검사에 임한다** … 장시간 진행되는 검사에 지칠 수 있으므로 마지막까지 집중해서 정확히 답할 수 있도록 해야 한다.

실전 인성검사

┃1~375┃ 다음 ( ) 안에 당신에게 적합하다면 YES, 그렇지 않다면 NO를 선택하시오(인성검사는 응시자의 인성을 파악하기 위한 자료이므로 정답이 존재하지 않습니다).

YES NO

1. 조금이라도 나쁜 소식은 절망의 시작이라고 생각해버린다. ·····················( )( )

2. 언제나 실패가 걱정이 되어 어쩔 줄 모른다. ·····························( )( )

3. 다수결의 의견에 따르는 편이다. ·······································( )( )

4. 혼자서 식당에 들어가는 것은 전혀 두려운 일이 아니다. ·················( )( )

5. 승부근성이 강하다. ···( )( )

6. 자주 흥분해서 침착하지 못하다. ·······································( )( )

7. 지금까지 살면서 타인에게 폐를 끼친 적이 없다. ·······················( )( )

8. 소곤소곤 이야기하는 것을 보면 자기에 대해 험담하고 있는 것으로 생각된다. ·······( )( )

9. 무엇이든지 자기가 나쁘다고 생각하는 편이다. ·························( )( )

10. 자신을 변덕스러운 사람이라고 생각한다. ·····························( )( )

11. 고독을 즐기는 편이다. ···( )( )

12. 자존심이 강하다고 생각한다. ··( )( )

13. 금방 흥분하는 성격이다. ··( )( )

14. 거짓말을 한 적이 없다. ···( )( )

15. 신경질적인 편이다. ···( )( )

16. 끙끙대며 고민하는 타입이다. ··( )( )

17. 감정적인 사람이라고 생각한다. ······································( )( )

18. 자신만의 신념을 가지고 있다. ·······································( )( )

19. 다른 사람을 바보 같다고 생각한 적이 있다. ····························( )( )

20. 금방 말해버리는 편이다. ……………………………………………………………( )( )

21. 싫어하는 사람이 없다. ……………………………………………………………( )( )

22. 대재앙이 오지 않을까 항상 걱정을 한다. ……………………………………( )( )

23. 쓸데없는 고생을 하는 일이 많다. ……………………………………………( )( )

24. 자주 생각이 바뀌는 편이다. ……………………………………………………( )( )

25. 문제점을 해결하기 위해 여러 사람과 상의한다. ……………………………( )( )

26. 내 방식대로 일을 한다. …………………………………………………………( )( )

27. 영화를 보고 운 적이 많다. ……………………………………………………( )( )

28. 어떤 것에 대해서도 화낸 적이 없다. ………………………………………( )( )

29. 사소한 충고에도 걱정을 한다. …………………………………………………( )( )

30. 자신은 도움이 안되는 사람이라고 생각한다. ………………………………( )( )

31. 금방 싫증을 내는 편이다. ……………………………………………………( )( )

32. 개성적인 사람이라고 생각한다. ………………………………………………( )( )

33. 자기 주장이 강한 편이다. ……………………………………………………( )( )

34. 뒤숭숭하다는 말을 들은 적이 있다. …………………………………………( )( )

35. 학교를 쉬고 싶다고 생각한 적이 한 번도 없다. ……………………………( )( )

36. 사람들과 관계맺는 것을 보면 잘하지 못한다. ………………………………( )( )

37. 사려깊은 편이다. …………………………………………………………………( )( )

38. 몸을 움직이는 것을 좋아한다. …………………………………………………( )( )

39. 끈기가 있는 편이다. ……………………………………………………………( )( )

40. 신중한 편이라고 생각한다. ……………………………………………………( )( )

41. 인생의 목표는 큰 것이 좋다. …………………………………………………( )( )

42. 어떤 일이라도 바로 시작하는 타입이다. ……………………………………( )( )

43. 낯가림을 하는 편이다. …………………………………………………………( )( )

44. 생각하고 나서 행동하는 편이다. ……………………………………………( )( )

45. 쉬는 날은 밖으로 나가는 경우가 많다. ……………………………………( )( )

46. 시작한 일은 반드시 완성시킨다. ···( )( )

47. 면밀한 계획을 세운 여행을 좋아한다. ···( )( )

48. 야망이 있는 편이라고 생각한다. ···( )( )

49. 활동력이 있는 편이다. ···( )( )

50. 많은 사람들과 왁자지껄하게 식사하는 것을 좋아하지 않는다. ····( )( )

51. 돈을 허비한 적이 없다. ···( )( )

52. 운동회를 아주 좋아하고 기대했다. ···( )( )

53. 하나의 취미에 열중하는 타입이다. ···( )( )

54. 모임에서 회장에 어울린다고 생각한다. ···( )( )

55. 입신출세의 성공이야기를 좋아한다. ···( )( )

56. 어떠한 일도 의욕을 가지고 임하는 편이다. ·································( )( )

57. 학급에서는 존재가 희미했다. ···( )( )

58. 항상 무언가를 생각하고 있다. ···( )( )

59. 스포츠는 보는 것보다 하는 게 좋다. ···( )( )

60. '참 잘했네요'라는 말을 듣는다. ···( )( )

61. 흐린 날은 반드시 우산을 가지고 간다. ···( )( )

62. 주연상을 받을 수 있는 배우를 좋아한다. ·····································( )( )

63. 공격하는 타입이라고 생각한다. ···( )( )

64. 리드를 받는 편이다. ···( )( )

65. 너무 신중해서 기회를 놓친 적이 있다. ···( )( )

66. 시원시원하게 움직이는 타입이다. ···( )( )

67. 야근을 해서라도 업무를 끝낸다. ···( )( )

68. 누군가를 방문할 때는 반드시 사전에 확인한다. ···························( )( )

69. 노력해도 결과가 따르지 않으면 의미가 없다. ·····························( )( )

70. 무조건 행동해야 한다. ···( )( )

71. 유행에 둔감하다고 생각한다. ···( )( )

72. 정해진대로 움직이는 것은 시시하다. ···( )( )

73. 꿈을 계속 가지고 있고 싶다. ···( )( )

74. 질서보다 자유를 중요시하는 편이다. ···( )( )

75. 혼자서 취미에 몰두하는 것을 좋아한다. ··( )( )

76. 직관적으로 판단하는 편이다. ···( )( )

77. 영화나 드라마를 보면 등장인물의 감정에 이입된다. ·························( )( )

78. 시대의 흐름에 역행해서라도 자신을 관철하고 싶다. ·······················( )( )

79. 다른 사람의 소문에 관심이 없다. ···( )( )

80. 창조적인 편이다. ··( )( )

81. 비교적 눈물이 많은 편이다. ···( )( )

82. 융통성이 있다고 생각한다. ···( )( )

83. 친구의 휴대전화 번호를 잘 모른다. ···( )( )

84. 스스로 고안하는 것을 좋아한다. ···( )( )

85. 정이 두터운 사람으로 남고 싶다. ···( )( )

86. 조직의 일원으로 별로 안 어울린다. ···( )( )

87. 세상의 일에 별로 관심이 없다. ···( )( )

88. 변화를 추구하는 편이다. ···( )( )

89. 업무는 인간관계로 선택한다. ···( )( )

90. 환경이 변하는 것에 구애되지 않는다. ··( )( )

91. 불안감이 강한 편이다. ···( )( )

92. 인생은 살 가치가 없다고 생각한다. ···( )( )

93. 의지가 약한 편이다. ···( )( )

94. 다른 사람이 하는 일에 별로 관심이 없다. ···( )( )

95. 사람을 설득시키는 것은 어렵지 않다. ··( )( )

96. 심심한 것을 못 참는다. ···( )( )

97. 다른 사람을 욕한 적이 한 번도 없다. ··( )( )

98. 다른 사람에게 어떻게 보일지 신경을 쓴다. ┄┄┄┄┄┄┄┄┄┄┄┄┄┄┄┄┄┄┄┄┄(　)(　)

99. 금방 낙심하는 편이다. ┄┄┄┄┄┄┄┄┄┄┄┄┄┄┄┄┄┄┄┄┄┄┄┄┄┄┄┄┄(　)(　)

100. 다른 사람에게 의존하는 경향이 있다. ┄┄┄┄┄┄┄┄┄┄┄┄┄┄┄┄┄┄┄┄(　)(　)

101. 그다지 융통성이 있는 편이 아니다. ┄┄┄┄┄┄┄┄┄┄┄┄┄┄┄┄┄┄┄┄┄(　)(　)

102. 다른 사람이 내 의견에 간섭하는 것이 싫다. ┄┄┄┄┄┄┄┄┄┄┄┄┄(　)(　)

103. 낙천적인 편이다. ┄┄┄┄┄┄┄┄┄┄┄┄┄┄┄┄┄┄┄┄┄┄┄┄┄┄┄┄┄┄┄(　)(　)

104. 숙제를 잊어버린 적이 한 번도 없다. ┄┄┄┄┄┄┄┄┄┄┄┄┄┄┄┄┄┄(　)(　)

105. 밤길에는 발소리가 들리기만 해도 불안하다. ┄┄┄┄┄┄┄┄┄┄┄┄┄(　)(　)

106. 상냥하다는 말을 들은 적이 있다. ┄┄┄┄┄┄┄┄┄┄┄┄┄┄┄┄┄┄┄┄┄(　)(　)

107. 자신은 유치한 사람이다. ┄┄┄┄┄┄┄┄┄┄┄┄┄┄┄┄┄┄┄┄┄┄┄┄┄┄(　)(　)

108. 잡담을 하는 것보다 책을 읽는게 낫다. ┄┄┄┄┄┄┄┄┄┄┄┄┄┄┄┄(　)(　)

109. 나는 영업에 적합한 타입이라고 생각한다. ┄┄┄┄┄┄┄┄┄┄┄┄┄┄(　)(　)

110. 술자리에서 술을 마시지 않아도 흥을 돋울 수 있다. ┄┄┄┄┄┄(　)(　)

111. 한 번도 병원에 간 적이 없다. ┄┄┄┄┄┄┄┄┄┄┄┄┄┄┄┄┄┄┄┄┄┄┄(　)(　)

112. 나쁜 일은 걱정이 되어서 어쩔 줄을 모른다. ┄┄┄┄┄┄┄┄┄┄┄┄(　)(　)

113. 쉽게 무기력해지는 편이다. ┄┄┄┄┄┄┄┄┄┄┄┄┄┄┄┄┄┄┄┄┄┄┄┄┄(　)(　)

114. 비교적 고분고분한 편이라고 생각한다. ┄┄┄┄┄┄┄┄┄┄┄┄┄┄┄┄(　)(　)

115. 독자적으로 행동하는 편이다. ┄┄┄┄┄┄┄┄┄┄┄┄┄┄┄┄┄┄┄┄┄┄┄(　)(　)

116. 적극적으로 행동하는 편이다. ┄┄┄┄┄┄┄┄┄┄┄┄┄┄┄┄┄┄┄┄┄┄┄(　)(　)

117. 금방 감격하는 편이다. ┄┄┄┄┄┄┄┄┄┄┄┄┄┄┄┄┄┄┄┄┄┄┄┄┄┄┄(　)(　)

118. 어떤 것에 대해서는 불만을 가진 적이 없다. ┄┄┄┄┄┄┄┄┄┄┄┄(　)(　)

119. 밤에 못 잘 때가 많다. ┄┄┄┄┄┄┄┄┄┄┄┄┄┄┄┄┄┄┄┄┄┄┄┄┄┄┄(　)(　)

120. 자주 후회하는 편이다. ┄┄┄┄┄┄┄┄┄┄┄┄┄┄┄┄┄┄┄┄┄┄┄┄┄┄┄(　)(　)

121. 뜨거워지기 쉽고 식기 쉽다. ┄┄┄┄┄┄┄┄┄┄┄┄┄┄┄┄┄┄┄┄┄┄┄(　)(　)

122. 자신만의 세계를 가지고 있다. ┄┄┄┄┄┄┄┄┄┄┄┄┄┄┄┄┄┄┄┄┄(　)(　)

123. 많은 사람 앞에서도 긴장하는 일은 없다. ┄┄┄┄┄┄┄┄┄┄┄┄┄┄(　)(　)

124. 말하는 것을 아주 좋아한다. ···( )( )

125. 인생을 포기하는 마음을 가진 적이 한 번도 없다. ············( )( )

126. 어두운 성격이다. ··( )( )

127. 금방 반성한다. ··( )( )

128. 활동범위가 넓은 편이다. ··( )( )

129. 자신을 끈기있는 사람이라고 생각한다. ·································( )( )

130. 좋다고 생각하더라도 좀 더 검토하고 나서 실행한다. ·········( )( )

131. 위대한 인물이 되고 싶다. ···( )( )

132. 한 번에 많은 일을 떠맡아도 힘들지 않다. ····························( )( )

133. 사람과 만날 약속은 부담스럽다. ··( )( )

134. 질문을 받으면 충분히 생각하고 나서 대답하는 편이다. ·······( )( )

135. 머리를 쓰는 것보다 땀을 흘리는 일이 좋다. ·······················( )( )

136. 결정한 것에는 철저히 구속받는다. ··( )( )

137. 외출 시 문을 잠그었는지 몇 번을 확인한다. ·······················( )( )

138. 이왕 할 거라면 일등이 되고 싶다. ··( )( )

139. 과감하게 도전하는 타입이다. ··( )( )

140. 자신은 사교적이 아니라고 생각한다. ·····································( )( )

141. 무심코 도리에 대해서 말하고 싶어진다. ·······························( )( )

142. '항상 건강하네요'라는 말을 듣는다. ·····································( )( )

143. 단념하면 끝이라고 생각한다. ··( )( )

144. 예상하지 못한 일은 하고 싶지 않다. ·····································( )( )

145. 파란만장하더라도 성공하는 인생을 걷고 싶다. ····················( )( )

146. 활기찬 편이라고 생각한다. ···( )( )

147. 소극적인 편이라고 생각한다. ··( )( )

148. 무심코 평론가가 되어 버린다. ··( )( )

149. 자신은 성급하다고 생각한다. ··( )( )

150. 꾸준히 노력하는 타입이라고 생각한다. ……………………………………………( )( )

151. 내일의 계획이라도 메모한다. ……………………………………………………( )( )

152. 리더십이 있는 사람이 되고 싶다. ………………………………………………( )( )

153. 열정적인 사람이라고 생각한다. …………………………………………………( )( )

154. 다른 사람 앞에서 이야기를 잘 하지 못한다. …………………………………( )( )

155. 통찰력이 있는 편이다. ……………………………………………………………( )( )

156. 엉덩이가 가벼운 편이다. …………………………………………………………( )( )

157. 여러 가지로 구애됨이 있다. ……………………………………………………( )( )

158. 돌다리도 두들겨 보고 건너는 쪽이 좋다. ……………………………………( )( )

159. 자신에게는 권력욕이 있다. ……………………………………………………( )( )

160. 업무를 할당받으면 기쁘다. ……………………………………………………( )( )

161. 사색적인 사람이라고 생각한다. ………………………………………………( )( )

162. 비교적 개혁적이다. ………………………………………………………………( )( )

163. 좋고 싫음으로 정할 때가 많다. ………………………………………………( )( )

164. 전통에 구애되는 것은 버리는 것이 적절하다. ………………………………( )( )

165. 교제 범위가 좁은 편이다. ………………………………………………………( )( )

166. 발상의 전환을 할 수 있는 타입이라고 생각한다. ……………………………( )( )

167. 너무 주관적이어서 실패한다. …………………………………………………( )( )

168. 현실적이고 실용적인 면을 추구한다. …………………………………………( )( )

169. 내가 어떤 배우의 팬인지 아무도 모른다. ……………………………………( )( )

170. 현실보다 가능성이다. ……………………………………………………………( )( )

171. 마음이 담겨 있으면 선물은 아무 것이나 좋다. ………………………………( )( )

172. 여행은 마음대로 하는 것이 좋다. ……………………………………………( )( )

173. 추상적인 일에 관심이 있는 편이다. …………………………………………( )( )

174. 일은 대담히 하는 편이다. ………………………………………………………( )( )

175. 괴로워하는 사람을 보면 우선 동정한다. ……………………………………( )( )

176. 가치기준은 자신의 안에 있다고 생각한다. ································(　)(　)

177. 조용하고 조심스러운 편이다. ································(　)(　)

178. 상상력이 풍부한 편이라고 생각한다. ································(　)(　)

179. 의리, 인정이 두터운 상사를 만나고 싶다. ································(　)(　)

180. 인생의 앞날을 알 수 없어 재미있다. ································(　)(　)

181. 밝은 성격이다. ································(　)(　)

182. 별로 반성하지 않는다. ································(　)(　)

183. 활동범위가 좁은 편이다. ································(　)(　)

184. 자신을 시원시원한 사람이라고 생각한다. ································(　)(　)

185. 좋다고 생각하면 바로 행동한다. ································(　)(　)

186. 좋은 사람이 되고 싶다. ································(　)(　)

187. 한 번에 많은 일을 떠맡는 것은 골칫거리라고 생각한다. ································(　)(　)

188. 사람과 만날 약속은 즐겁다. ································(　)(　)

189. 질문을 받으면 그때의 느낌으로 대답하는 편이다. ································(　)(　)

190. 땀을 흘리는 것보다 머리를 쓰는 일이 좋다. ································(　)(　)

191. 결정한 것이라도 그다지 구속받지 않는다. ································(　)(　)

192. 외출 시 문을 잠갔는지 별로 확인하지 않는다. ································(　)(　)

193. 지위에 어울리면 된다. ································(　)(　)

194. 안전책을 고르는 타입이다. ································(　)(　)

195. 자신은 사교적이라고 생각한다. ································(　)(　)

196. 도리는 상관없다. ································(　)(　)

197. 침착하다는 말을 듣는다. ································(　)(　)

198. 단념이 중요하다고 생각한다. ································(　)(　)

199. 예상하지 못한 일도 해보고 싶다. ································(　)(　)

200. 평범하고 평온하게 행복한 인생을 살고 싶다. ································(　)(　)

201. 몹시 귀찮아하는 편이라고 생각한다. ································(　)(　)

202. 특별히 소극적이라고 생각하지 않는다. ·································( )( )

203. 이것저것 평하는 것이 싫다. ····································( )( )

204. 자신은 성급하지 않다고 생각한다. ·································( )( )

205. 꾸준히 노력하는 것을 잘 하지 못한다. ·····························( )( )

206. 내일의 계획은 머릿속에 기억한다. ·································( )( )

207. 협동성이 있는 사람이 되고 싶다. ·································( )( )

208. 열정적인 사람이라고 생각하지 않는다. ·····························( )( )

209. 다른 사람 앞에서 이야기를 잘한다. ·······························( )( )

210. 행동력이 있는 편이다. ··( )( )

211. 엉덩이가 무거운 편이다. ······································( )( )

212. 특별히 구애받는 것이 없다. ····································( )( )

213. 돌다리는 두들겨 보지 않고 건너도 된다. ···························( )( )

214. 자신에게는 권력욕이 없다. ····································( )( )

215. 업무를 할당받으면 부담스럽다. ·································( )( )

216. 활동적인 사람이라고 생각한다. ·································( )( )

217. 비교적 보수적이다. ··( )( )

218. 손해인지 이익인지를 기준으로 결정할 때가 많다. ·····················( )( )

219. 전통을 견실히 지키는 것이 적절하다. ·····························( )( )

220. 교제 범위가 넓은 편이다. ·····································( )( )

221. 상식적인 판단을 할 수 있는 타입이라고 생각한다. ····················( )( )

222. 너무 객관적이어서 실패한다. ···································( )( )

223. 보수적인 면을 추구한다. ······································( )( )

224. 내가 누구의 팬인지 주변의 사람들이 안다. ·························( )( )

225. 가능성보다 현실이다. ···( )( )

226. 그 사람이 필요한 것을 선물하고 싶다. ·····························( )( )

227. 여행은 계획적으로 하는 것이 좋다. ·································( )( )

228. 구체적인 일에 관심이 있는 편이다. ··( )( )

229. 일은 착실히 하는 편이다. ··( )( )

230. 괴로워하는 사람을 보면 우선 이유를 생각한다. ···( )( )

231. 가치기준은 자신의 밖에 있다고 생각한다. ···( )( )

232. 밝고 개방적인 편이다. ··( )( )

233. 현실 인식을 잘하는 편이라고 생각한다. ···( )( )

234. 공평하고 공적인 상사를 만나고 싶다. ···( )( )

235. 시시해도 계획적인 인생이 좋다. ··( )( )

236. 적극적으로 사람들과 관계를 맺는 편이다. ···( )( )

237. 활동적인 편이다. ···( )( )

238. 몸을 움직이는 것을 좋아하지 않는다. ···( )( )

239. 쉽게 질리는 편이다. ··( )( )

240. 경솔한 편이라고 생각한다. ··( )( )

241. 인생의 목표는 손이 닿을 정도면 된다. ···( )( )

242. 무슨 일도 좀처럼 시작하지 못한다. ···( )( )

243. 초면인 사람과도 바로 친해질 수 있다. ···( )( )

244. 행동하고 나서 생각하는 편이다. ··( )( )

245. 쉬는 날은 집에 있는 경우가 많다. ···( )( )

246. 완성되기 전에 포기하는 경우가 많다. ···( )( )

247. 계획 없는 여행을 좋아한다. ··( )( )

248. 욕심이 없는 편이라고 생각한다. ··( )( )

249. 활동력이 별로 없다. ··( )( )

250. 많은 사람들과 왁자지껄하게 식사하는 것을 좋아한다. ····································( )( )

251. 이유 없이 불안할 때가 있다. ···( )( )

252. 주위 사람의 의견을 생각해서 발언을 자제할 때가 있다. ··································( )( )

253. 자존심이 강한 편이다. ··( )( )

254. 생각 없이 함부로 말하는 경우가 많다. ┄┄┄┄┄┄┄┄┄┄┄┄┄┄┄┄┄┄┄┄( )( )

255. 정리가 되지 않은 방에 있으면 불안하다. ┄┄┄┄┄┄┄┄┄┄┄┄┄┄┄┄┄( )( )

256. 거짓말을 한 적이 한 번도 없다. ┄┄┄┄┄┄┄┄┄┄┄┄┄┄┄┄┄┄┄┄┄┄( )( )

257. 슬픈 영화나 TV를 보면 자주 운다. ┄┄┄┄┄┄┄┄┄┄┄┄┄┄┄┄┄┄┄┄( )( )

258. 자신을 충분히 신뢰할 수 있다고 생각한다. ┄┄┄┄┄┄┄┄┄┄┄┄┄┄( )( )

259. 노래방을 아주 좋아한다. ┄┄┄┄┄┄┄┄┄┄┄┄┄┄┄┄┄┄┄┄┄┄┄┄┄( )( )

260. 자신만이 할 수 있는 일을 하고 싶다. ┄┄┄┄┄┄┄┄┄┄┄┄┄┄┄┄┄( )( )

261. 자신을 과소평가하는 경향이 있다. ┄┄┄┄┄┄┄┄┄┄┄┄┄┄┄┄┄┄( )( )

262. 책상 위나 서랍 안은 항상 깔끔히 정리한다. ┄┄┄┄┄┄┄┄┄┄┄┄┄( )( )

263. 건성으로 일을 할 때가 자주 있다. ┄┄┄┄┄┄┄┄┄┄┄┄┄┄┄┄┄┄( )( )

264. 남의 험담을 한 적이 없다. ┄┄┄┄┄┄┄┄┄┄┄┄┄┄┄┄┄┄┄┄┄┄┄( )( )

265. 쉽게 화를 낸다는 말을 듣는다. ┄┄┄┄┄┄┄┄┄┄┄┄┄┄┄┄┄┄┄┄( )( )

266. 초조하면 손을 떨고, 심장박동이 빨라진다. ┄┄┄┄┄┄┄┄┄┄┄┄┄( )( )

267. 토론하여 진 적이 한 번도 없다. ┄┄┄┄┄┄┄┄┄┄┄┄┄┄┄┄┄┄┄( )( )

268. 덩달아 떠든다고 생각할 때가 자주 있다. ┄┄┄┄┄┄┄┄┄┄┄┄┄┄( )( )

269. 아첨에 넘어가기 쉬운 편이다. ┄┄┄┄┄┄┄┄┄┄┄┄┄┄┄┄┄┄┄┄( )( )

270. 주변 사람이 자기 험담을 하고 있다고 생각할 때가 있다. ┄┄┄┄( )( )

271. 이론만 내세우는 사람과 대화하면 짜증이 난다. ┄┄┄┄┄┄┄┄┄( )( )

272. 상처를 주는 것도, 받는 것도 싫다. ┄┄┄┄┄┄┄┄┄┄┄┄┄┄┄┄┄┄( )( )

273. 매일 그날을 반성한다. ┄┄┄┄┄┄┄┄┄┄┄┄┄┄┄┄┄┄┄┄┄┄┄┄┄┄( )( )

274. 주변 사람이 피곤해 하여도 자신은 원기왕성하다. ┄┄┄┄┄┄┄┄( )( )

275. 친구를 재미있게 하는 것을 좋아한다. ┄┄┄┄┄┄┄┄┄┄┄┄┄┄┄( )( )

276. 아침부터 아무것도 하고 싶지 않을 때가 있다. ┄┄┄┄┄┄┄┄┄┄( )( )

277. 지각을 하면 학교를 결석하고 싶어졌다. ┄┄┄┄┄┄┄┄┄┄┄┄┄┄( )( )

278. 이 세상에 없는 세계가 존재한다고 생각한다. ┄┄┄┄┄┄┄┄┄┄┄( )( )

279. 하기 싫은 것을 하고 있으면 무심코 불만을 말한다. ┄┄┄┄┄┄┄( )( )

280. 투지를 드러내는 경향이 있다. ···( )( )

281. 뜨거워지기 쉽고 식기 쉬운 성격이다. ···( )( )

282. 어떤 일이라도 헤쳐 나가는 데 자신이 있다. ·······························( )( )

283. 착한 사람이라는 말을 들을 때가 많다. ···( )( )

284. 자신을 다른 사람보다 뛰어나다고 생각한다. ·······························( )( )

285. 개성적인 사람이라는 말을 자주 듣는다. ···( )( )

286. 누구와도 편하게 대화할 수 있다. ···( )( )

287. 특정 인물이나 집단에서라면 가볍게 대화할 수 있다. ·················( )( )

288. 사물에 대해 깊이 생각하는 경향이 있다. ·······································( )( )

289. 스트레스를 해소하기 위해 집에서 조용히 지낸다. ·····················( )( )

290. 계획을 세워서 행동하는 것을 좋아한다. ···( )( )

291. 현실적인 편이다. ···( )( )

292. 주변의 일을 성급하게 해결한다. ···( )( )

293. 이성적인 사람이 되고 싶다고 생각한다. ···( )( )

294. 생각한 일을 행동으로 옮기지 않으면 기분이 찜찜하다. ·············( )( )

295. 생각했다고 해서 꼭 행동으로 옮기는 것은 아니다. ···················( )( )

296. 목표 달성을 위해서는 온갖 노력을 다한다. ·································( )( )

297. 적은 친구랑 깊게 사귀는 편이다. ···( )( )

298. 경쟁에서 절대로 지고 싶지 않다. ···( )( )

299. 내일해도 되는 일을 오늘 안에 끝내는 편이다. ·····························( )( )

300. 새로운 친구를 곧 사귈 수 있다. ···( )( )

301. 문장은 미리 내용을 결정하고 나서 쓴다. ·······································( )( )

302. 사려 깊은 사람이라는 말을 듣는 편이다. ·······································( )( )

303. 활발한 사람이라는 말을 듣는 편이다. ···( )( )

304. 기회가 있으면 꼭 얻는 편이다. ···( )( )

305. 외출이나 초면의 사람을 만나는 일은 잘 하지 못한다. ···············( )( )

306. 단념하는 것은 있을 수 없다. ···( )( )

307. 위험성을 무릅쓰면서 성공하고 싶다고 생각하지 않는다. ··············( )( )

308. 학창시절 체육수업을 좋아했다. ···( )( )

309. 휴일에는 집 안에서 편안하게 있을 때가 많다. ····························( )( )

310. 무슨 일도 결과가 중요하다. ···( )( )

311. 성격이 유연하게 대응하는 편이다. ···( )( )

312. 더 높은 능력이 요구되는 일을 하고 싶다. ··································( )( )

313. 자기 능력의 범위 내에서 정확히 일을 하고 싶다. ·······················( )( )

314. 새로운 사람을 만날 때는 두근거린다. ··( )( )

315. '누군가 도와주지 않을까'라고 생각하는 편이다. ··························( )( )

316. 건강하고 활발한 사람을 동경한다. ···( )( )

317. 친구가 적은 편이다. ···( )( )

318. 문장을 쓰면서 생각한다. ···( )( )

319. 정해진 친구만 교제한다. ···( )( )

320. 한 우물만 파고 싶다. ···( )( )

321. 여러가지 일을 경험하고 싶다. ···( )( )

322. 스트레스를 해소하기 위해 몸을 움직인다. ····································( )( )

323. 사물에 대해 가볍게 생각하는 경향이 있다. ··································( )( )

324. 기한이 정해진 일은 무슨 일이 있어도 끝낸다. ···························( )( )

325. 결론이 나도 여러 번 생각을 하는 편이다. ··································( )( )

326. 일단 무엇이든지 도전하는 편이다. ···( )( )

327. 쉬는 날은 외출하고 싶다. ···( )( )

328. 사교성이 있는 편이라고 생각한다. ···( )( )

329. 남의 앞에 나서는 것을 잘 하지 못하는 편이다. ·······················( )( )

330. 모르는 것이 있어도 행동하면서 생각한다. ····································( )( )

331. 납득이 안 되면 행동이 안 된다. ···( )( )

332. 약속시간에 여유를 가지고 약간 빨리 나가는 편이다. ································( )( )

333. 현실적이다. ································( )( )

334. 곰곰이 끝까지 해내는 편이다. ································( )( )

335. 유연히 대응하는 편이다. ································( )( )

336. 휴일에는 운동 등으로 몸을 움직일 때가 많다. ································( )( )

337. 학창시절 체육수업을 못했다. ································( )( )

338. 성공을 위해서는 어느 정도의 위험성을 감수한다. ································( )( )

339. 단념하는 것이 필요할 때도 있다. ································( )( )

340. '내가 안하면 누가 할 것인가'라고 생각하는 편이다. ································( )( )

341. 새로운 사람을 만날 때는 용기가 필요하다. ································( )( )

342. 친구가 많은 편이다. ································( )( )

343. 차분하고 사려 깊은 사람을 동경한다. ································( )( )

344. 결론이 나면 신속히 행동으로 옮겨진다. ································( )( )

345. 기한 내에 끝내지 못하는 일이 있다. ································( )( )

346. 이유 없이 불안할 때가 있다. ································( )( )

347. 주위 사람의 의견을 생각해서 발언을 자제할 때가 있다. ································( )( )

348. 자존심이 강한 편이다. ································( )( )

349. 생각 없이 함부로 말하는 경우가 많다. ································( )( )

350. 정리가 되지 않은 방에 있으면 불안하다. ································( )( )

351. 거짓말을 한 적이 한 번도 없다. ································( )( )

352. 슬픈 영화나 TV를 보면 자주 운다. ································( )( )

353. 자신을 충분히 신뢰할 수 있다고 생각한다. ································( )( )

354. 노래방을 아주 좋아한다. ································( )( )

355. 자신만이 할 수 있는 일을 하고 싶다. ································( )( )

356. 자신을 과소평가하는 경향이 있다. ································( )( )

357. 책상 위나 서랍 안은 항상 깔끔히 정리한다. ································( )( )

358. 건성으로 일을 할 때가 자주 있다. ·····································( )( )

359. 남의 험담을 한 적이 없다. ···( )( )

360. 쉽게 화를 낸다는 말을 듣는다. ······································( )( )

361. 초조하면 손을 떨고, 심장박동이 빨라진다. ······················( )( )

362. 토론하여 진 적이 한 번도 없다. ·····································( )( )

363. 덩달아 떠든다고 생각할 때가 자주 있다. ························( )( )

364. 아첨에 넘어가기 쉬운 편이다. ··( )( )

365. 주변 사람이 자기 험담을 하고 있다고 생각할 때가 있다. ····( )( )

366. 이론만 내세우는 사람과 대화하면 짜증이 난다. ···············( )( )

367. 상처를 주는 것도, 받는 것도 싫다. ································( )( )

368. 매일 그날을 반성한다. ···( )( )

369. 주변 사람이 피곤해하여도 자신은 원기왕성하다. ···············( )( )

370. 친구를 재미있게 하는 것을 좋아한다. ·····························( )( )

371. 아침부터 아무것도 하고 싶지 않을 때가 있다. ·················( )( )

372. 지각을 하면 학교를 결석하고 싶어진다. ························( )( )

373. 이 세상에 없는 세계가 존재한다고 생각한다. ···················( )( )

374. 하기 싫은 것을 하고 있으면 무심코 불만을 말한다. ··········( )( )

375. 투지를 드러내는 경향이 있다. ··( )( )

PART

04

면접

CHAPTER 01
면접의 기본

1 면접의 기본

(1) 면접의 기본 원칙

① **면접의 의미** … 면접이란 다양한 면접기법을 활용하여 지원한 직무에 필요한 능력을 지원자가 보유하고 있는지를 확인하는 절차라고 할 수 있다. 즉, 지원자의 입장에서는 채용 직무수행에 필요한 요건들과 관련하여 자신의 환경, 경험, 관심사, 성취 등에 대해 기업에 직접 어필할 수 있는 기회를 제공받는 것이며, 기업의 입장에서는 서류전형만으로 알 수 없는 지원자에 대한 정보를 직접적으로 수집하고 평가하는 것이다.

② **면접의 특징** … 면접은 기업의 입장에서 서류전형이나 필기전형에서 드러나지 않는 지원자의 능력이나 성향을 볼 수 있는 기회로, 면대면으로 이루어지며 즉흥적인 질문들이 포함될 수 있기 때문에 지원자가 완벽하게 준비하기 어려운 부분이 있다. 하지만 지원자 입장에서도 서류전형이나 필기전형에서 모두 보여주지 못한 자신의 능력 등을 기업의 인사담당자에게 어필할 수 있는 추가적인 기회가 될 수도 있다.

[서류·필기전형과 차별화되는 면접의 특징]

• 직무수행과 관련된 다양한 지원자 행동에 대한 관찰이 가능하다.
• 면접관이 알고자 하는 정보를 심층적으로 파악할 수 있다.
• 서류상의 미비한 사항과 의심스러운 부분을 확인할 수 있다.
• 커뮤니케이션 능력, 대인관계 능력 등 행동·언어적 정보도 얻을 수 있다.

③ **면접의 유형**

㉠ **구조화 면접** : 구조화 면접은 사전에 계획을 세워 질문의 내용과 방법, 지원자의 답변 유형에 따른 추가 질문과 그에 대한 평가 역량이 정해져 있는 면접 방식으로 표준화 면접이라고도 한다.
• 표준화된 질문이나 평가요소가 면접 전 확정되며, 지원자는 편성된 조나 면접관에 영향을 받지 않고 동일한 질문과 시간을 부여받을 수 있다.

- 조직 또는 직무별로 주요하게 도출된 역량을 기반으로 평가요소가 구성되어, 조직 또는 직무에서 필요한 역량을 가진 지원자를 선발할 수 있다.
- 표준화된 형식을 사용하는 특성 때문에 비구조화 면접에 비해 신뢰성과 타당성, 객관성이 높다.
  - ⓛ 비구조화 면접 : 비구조화 면접은 면접 계획을 세울 때 면접 목적만을 명시하고 내용이나 방법은 면접관에게 전적으로 일임하는 방식으로 비표준화 면접이라고도 한다.
- 표준화된 질문이나 평가요소 없이 면접이 진행되며, 편성된 조나 면접관에 따라 지원자에게 주어지는 질문이나 시간이 다르다.
- 면접관의 주관적인 판단에 따라 평가가 이루어져 평가 오류가 빈번히 일어난다.
- 상황 대처나 언변이 뛰어난 지원자에게 유리한 면접이 될 수 있다.

④ 경쟁력 있는 면접 요령

ⓐ 면접 전에 준비하고 유념할 사항
- 예상 질문과 답변을 미리 작성한다.
- 작성한 내용을 문장으로 외우지 않고 키워드로 기억한다.
- 지원한 회사의 최근 기사를 검색하여 기억한다.
- 지원한 회사가 속한 산업군의 최근 기사를 검색하여 기억한다.
- 면접 전 1주일간 이슈가 되는 뉴스를 기억하고 자신의 생각을 반영하여 정리한다.
- 찬반토론에 대비한 주제를 목록으로 정리하여 자신의 논리를 내세운 예상답변을 작성한다.

ⓑ 면접장에서 유념할 사항
- 질문의 의도 파악 : 답변을 할 때에는 질문 의도를 파악하고 그에 충실한 답변이 될 수 있도록 질문사항을 유념해야 한다. 많은 지원자가 하는 실수 중 하나로 답변을 하는 도중 자기 말에 심취되어 질문의 의도와 다른 답변을 하거나 자신이 알고 있는 지식만을 나열하는 경우가 있는데, 이럴 경우 의사소통능력이 부족한 사람으로 인식될 수 있으므로 주의하도록 한다.
- 답변은 두괄식 : 답변을 할 때에는 두괄식으로 결론을 먼저 말하고 그 이유를 설명하는 것이 좋다. 미괄식으로 답변을 할 경우 용두사미의 답변이 될 가능성이 높으며, 결론을 이끌어 내는 과정에서 논리성이 결여될 우려가 있다. 또한 면접관이 결론을 듣기 전에 말을 끊고 다른 질문을 추가하는 예상치 못한 상황이 발생될 수 있으므로 답변은 자신이 전달하고자 하는 바를 먼저 밝히고 그에 대한 설명을 하는 것이 좋다.

- 지원한 회사의 기업정신과 인재상을 기억 : 답변을 할 때에는 회사가 원하는 인재라는 인상을 심어주기 위해 지원한 회사의 기업정신과 인재상 등을 염두에 두고 답변을 하는 것이 좋다. 모든 회사에 해당되는 두루뭉술한 답변보다는 지원한 회사에 맞는 맞춤형 답변을 하는 것이 좋다.
- 나보다는 회사와 사회적 관점에서 답변 : 답변을 할 때에는 자기중심적인 관점을 피하고 좀 더 넓은 시각으로 회사와 국가, 사회적 입장까지 고려하는 인재임을 어필하는 것이 좋다. 자기중심적 시각을 바탕으로 자신의 출세만을 위해 회사에 입사하려는 인상을 심어줄 경우 면접에서 불이익을 받을 가능성이 높다.
- 난처한 질문은 정직한 답변 : 난처한 질문에 답변을 해야 할 때에는 피하기보다는 정면 돌파로 정직하고 솔직하게 답변하는 것이 좋다. 난처한 부분을 감추고 드러내지 않으려 회피하려는 지원자의 모습은 인사담당자에게 입사 후에도 비슷한 상황에 처했을 때 회피할 수도 있다는 우려를 심어줄 수 있다. 따라서 직장생활에 있어 중요한 덕목 중 하나인 정직을 바탕으로 솔직하게 답변을 하도록 한다.

(2) 면접의 종류 및 준비 전략

① 인성면접

　㉠ 면접 방식 및 판단기준
- 면접 방식 : 인성면접은 면접관이 가지고 있는 개인적 면접 노하우나 관심사에 의해 질문을 실시한다. 주로 입사지원서나 자기소개서의 내용을 토대로 지원동기, 과거의 경험, 미래 포부 등을 이야기하도록 하는 방식이다.
- 판단기준 : 면접관의 개인적 가치관과 경험, 해당 역량의 수준, 경험의 구체성 · 진실성 등

　㉡ 특징 : 인성면접은 그 방식으로 인해 역량과 무관한 질문들이 많고 지원자에게 주어지는 면접질문, 시간 등이 다를 수 있다. 또한 입사지원서나 자기소개서의 내용을 토대로 하기 때문에 지원자별 질문이 달라질 수 있다.

© 예시 문항 및 준비전략

• 예시 문항

> • 3분 동안 자기소개를 해 보십시오.
> • 자신의 장점과 단점을 말해 보십시오.
> • 학점이 좋지 않은데 그 이유가 무엇입니까?
> • 최근에 인상 깊게 읽은 책은 무엇입니까?
> • 회사를 선택할 때 중요시하는 것은 무엇입니까?
> • 일과 개인생활 중 어느 쪽을 중시합니까?
> • 10년 후 자신은 어떤 모습일 것이라고 생각합니까?
> • 휴학 기간 동안에는 무엇을 했습니까?

• 준비전략 : 인성면접은 입사지원서나 자기소개서의 내용을 바탕으로 하는 경우가 많으므로 자신이 작성한 입사지원서와 자기소개서의 내용을 충분히 숙지하도록 한다. 또한 최근 사회적으로 이슈가 되고 있는 뉴스에 대한 견해를 묻거나 시사상식 등에 대한 질문을 받을 수 있으므로 이에 대한 대비도 필요하다. 자칫 부담스러워 보이지 않는 질문으로 가볍게 대답하지 않도록 주의하고 모든 질문에 입사 의지를 담아 성실하게 답변하는 것이 중요하다.

② 발표면접

㉠ 면접 방식 및 판단기준

• 면접 방식 : 지원자가 특정 주제와 관련된 자료를 검토하고 그에 대한 자신의 생각을 면접관 앞에서 주어진 시간 동안 발표하고 추가 질의를 받는 방식으로 진행된다.

• 판단기준 : 지원자의 사고력, 논리력, 문제해결력 등

㉡ 특징 : 발표면접은 지원자에게 과제를 부여한 후, 과제를 수행하는 과정과 결과를 관찰·평가한다. 따라서 과제수행 결과뿐 아니라 수행과정에서의 행동을 모두 평가할 수 있다.

ⓒ 예시 문항 및 준비전략

• 예시 문항

[신입사원 조기 이직 문제]

※ 지원자는 아래에 제시된 자료를 검토한 뒤, 신입사원 조기 이직의 원인을 크게 3가지로 정리하고 이에 대한 구체적인 개선안을 도출하여 발표해 주시기 바랍니다.

※ 본 과제에 정해진 정답은 없으나 논리적 근거를 들어 개선안을 작성해 주십시오.

• A기업은 동종업계 유사기업들과 비교해 볼 때, 비교적 높은 재무안정성을 유지하고 있으며 업무강도가 그리 높지 않은 것으로 외부에 알려져 있음.

• 최근 조사결과, 동종업계 유사기업들과 연봉을 비교해 보았을 때 연봉 수준도 그리 나쁘지 않은 편이라는 것이 확인되었음.

• 그러나 지난 3년간 1~2년차 직원들의 이직률이 계속해서 증가하고 있는 추세이며, 경영진 회의에서 최우선 해결과제 중 하나로 거론되었음.

• 이에 따라 인사팀에서 현재 1~2년차 사원들을 대상으로 개선되어야 하는 A기업의 조직문화에 대한 설문조사를 실시한 결과, '상명하복식의 의사소통'이 36.7%로 1위를 차지했음.

• 이러한 설문조사와 함께, 신입사원 조기 이직에 대한 원인을 분석한 결과 파랑새 증후군, 셀프홀릭 증후군, 피터팬 증후군 등 3가지로 분류할 수 있었음.

〈동종업계 유사기업들과의 연봉 비교〉

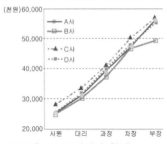

〈우리 회사 조직문화 중 개선되었으면 하는 것〉

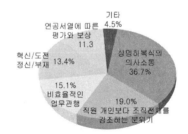

〈신입사원 조기 이직의 원인〉

• 파랑새 증후군
– 현재의 직장보다 더 좋은 직장이 있을 것이라는 막연한 기대감으로 끊임없이 새로운 직장을 탐색함.
– 학력 수준과 맞지 않는 '하향지원', 전공과 적성을 고려하지 않고 일단 취업하고 보자는 '묻지마 지원'이 파랑새 증후군을 초래함.

• 셀프홀릭 증후군
– 본인의 역량에 비해 가치가 낮은 일을 주로 하면서 갈등을 느낌.

• 피터팬 증후군
– 기성세대의 문화를 무조건 수용하기보다는 자유로움과 변화를 추구함.
– 상명하복, 엄격한 규율 등 기성세대가 당연시하는 관행에 거부감을 가지며 직장에 답답함을 느낌.

- 준비전략 : 발표면접의 시작은 과제 안내문과 과제 상황, 과제 자료 등을 정확하게 이해하는 것에서 출발한다. 과제 안내문을 침착하게 읽고 제시된 주제 및 문제와 관련된 상황의 맥락을 파악한 후 과제를 검토한다. 제시된 기사나 그래프 등을 충분히 활용하여 주어진 문제를 해결할 수 있는 해결책이나 대안을 제시하며, 발표를 할 때에는 명확하고 자신 있는 태도로 전달할 수 있도록 한다.

③ 토론면접

　ㄱ 면접 방식 및 판단기준

- 면접 방식 : 상호갈등적 요소를 가진 과제 또는 공통의 과제를 해결하는 내용의 토론 과제를 제시하고, 그 과정에서 개인 간의 상호작용 행동을 관찰하는 방식으로 면접이 진행된다.
- 판단기준 : 팀워크, 적극성, 갈등 조정, 의사소통능력, 문제해결능력 등

　ㄴ 특징 : 토론을 통해 도출해 낸 최종안의 타당성도 중요하지만, 결론을 도출해 내는 과정에서의 의사소통능력이나 갈등상황에서 의견을 조정하는 능력 등이 중요하게 평가되는 특징이 있다.

　ㄷ 예시 문항 및 준비전략

- 예시 문항

> - 군 가산점제 부활에 대한 찬반토론
> - 담뱃값 인상에 대한 찬반토론
> - 비정규직 철폐에 대한 찬반토론
> - 대학의 영어 강의 확대 찬반토론

- 준비전략 : 토론면접은 무엇보다 팀워크와 적극성이 강조된다. 따라서 토론과정에 적극적으로 참여하며 자신의 의사를 분명하게 전달하며, 갈등상황에서 자신의 의견만 내세울 것이 아니라 다른 지원자의 의견을 경청하고 배려하는 모습도 중요하다. 갈등상황을 일목요연하게 정리하여 조정하는 등의 의사소통능력을 발휘하는 것도 좋은 전략이 될 수 있다.

④ 상황면접

　ㄱ 면접 방식 및 판단기준

- 면접 방식 : 상황면접은 직무 수행 시 접할 수 있는 상황들을 제시하고, 그러한 상황에서 어떻게 행동할 것인지를 이야기하는 방식으로 진행된다.
- 판단기준 : 해당 상황에 적절한 역량의 구현과 구체적 행동지표

ⓛ 특징 : 실제 직무 수행 시 접할 수 있는 상황들을 제시하므로 입사 이후 지원자의 업무수행능력을 평가하는 데 적절한 면접 방식이다. 또한 지원자의 가치관, 태도, 사고방식 등의 요소를 통합적으로 평가하는 데 용이하다.

ⓒ 예시 문항 및 준비전략

• 예시 문항

> 당신은 생산관리팀의 팀원으로, 생산팀이 기한에 맞춰 효율적으로 제품을 생산할 수 있도록 관리하는 역할을 맡고 있습니다. 3개월 뒤에 제품A를 정상적으로 출시하기 위해 생산팀의 생산 계획을 수립한 상황입니다. 그러나 원가가 곧 실적으로 이어지는 구매팀에서는 최대한 원가를 줄여 전반적 단가를 낮추려고 원가절감을 위한 제안을 하였으나, 연구개발팀에서는 구매팀이 제안한 방식으로 제품을 생산할 경우 대부분이 구매팀의 실적으로 산정될 것이므로 제대로 확인도 해보지 않은 채 적합하지 않은 방식이라고 판단하고 있습니다. 당신은 어떻게 하겠습니까?

• 준비전략 : 상황면접은 먼저 주어진 상황에서 핵심이 되는 문제가 무엇인지를 파악하는 것에서 시작한다. 주질문과 세부질문을 통하여 질문의 의도를 파악하였다면, 그에 대한 구체적인 행동이나 생각 등에 대해 응답할수록 높은 점수를 얻을 수 있다.

⑤ 역할면접

㉠ 면접 방식 및 판단기준

• 면접 방식 : 역할면접 또는 역할연기 면접은 기업 내 발생 가능한 상황에서 부딪히게 되는 문제와 역할을 가상적으로 설정하여 특정 역할을 맡은 사람과 상호작용하고 문제를 해결해 나가도록 하는 방식으로 진행된다. 역할연기 면접에서는 면접관이 직접 역할연기를 하면서 지원자를 관찰하기도 하지만, 역할연기 수행만 전문적으로 하는 사람을 투입할 수도 있다.

• 판단기준 : 대처능력, 대인관계능력, 의사소통능력 등

㉡ 특징 : 역할면접은 실제 상황과 유사한 가상 상황에서의 행동을 관찰함으로서 지원자의 성격이나 대처 행동 등을 관찰할 수 있다.

㉢ 예시 문항 및 준비전략

• 예시 문항

> [역할면접의 예]
> 당신은 ○○기업의 신입 텔러이다. 사람이 많은 월말 오전 한 할아버지(면접관 또는 역할담당자)께서 ○○기업을 사칭한 보이스피싱으로 500만 원을 피해 보았다며 소란을 일으키고 있다. 실제 업무상황이라고 생각하고 상황에 대처해 보시오.

- 준비전략 : 역할연기 면접에서 측정하는 역량은 주로 갈등의 원인이 되는 문제를 해결 하고 제시된 해결방안을 상대방에게 설득하는 것이다. 따라서 갈등해결, 문제해결, 조정·통합, 설득력과 같은 역량이 중요시된다. 또한 갈등을 해결하기 위해서 상대방에 대한 이해도 필수적인 요소이므로 고객지향을 염두에 두고 상황에 맞게 대처해야 한다.
역할면접에서는 변별력을 높이기 위해 면접관이 압박적인 분위기를 조성하는 경우가 많기 때문에 스트레스 상황에서 불안해하지 않고 유연하게 대처할 수 있도록 시간과 노력을 들여 충분히 연습하는 것이 좋다.

2 면접 이미지 메이킹

(1) 성공적인 이미지 메이킹 포인트

① 복장 및 스타일

㉠ 남성

- 양복 : 양복은 단색으로 하며 넥타이나 셔츠로 포인트를 주는 것이 효과적이다. 짙은 회색이나 감청색이 가장 단정하고 품위 있는 인상을 준다.
- 셔츠 : 흰색이 가장 선호되나 자신의 피부색에 맞추는 것이 좋다. 푸른색이나 베이지색은 산뜻한 느낌을 줄 수 있다. 양복과의 배색도 고려하도록 한다.
- 넥타이 : 의상에 포인트를 줄 수 있는 아이템이지만 너무 화려한 것은 피한다. 지원자의 피부색은 물론, 정장과 셔츠의 색을 고려하며, 체격에 따라 넥타이 폭을 조절하는 것이 좋다.
- 구두 & 양말 : 구두는 검정색이나 짙은 갈색이 어느 양복에나 무난하게 어울리며 깔끔하게 닦아 준비한다. 양말은 정장과 동일한 색상이나 검정색을 착용한다.
- 헤어스타일 : 머리스타일은 단정한 느낌을 주는 짧은 헤어스타일이 좋으며 앞머리가 있다면 이마나 눈썹을 가리지 않는 선에서 정리하는 것이 좋다.

© 여성

- 의상 : 단정한 스커트 투피스 정장이나 슬랙스 슈트가 무난하다. 블랙이나 그레이, 네이비, 브라운 등 차분해 보이는 색상을 선택하는 것이 좋다.
- 소품 : 구두, 핸드백 등은 같은 계열로 코디하는 것이 좋으며 구두는 너무 화려한 디자인이나 굽이 높은 것을 피한다. 스타킹은 의상과 구두에 맞춰 단정한 것으로 선택한다.
- 액세서리 : 액세서리는 너무 크거나 화려한 것은 좋지 않으며 과하게 많이 하는 것도 좋은 인상을 주지 못한다. 착용하지 않거나 작고 깔끔한 디자인으로 포인트를 주는 정도가 적당하다.
- 메이크업 : 화장은 자연스럽고 밝은 이미지를 표현하는 것이 좋으며 진한 색조는 인상이 강해 보일 수 있으므로 피한다.
- 헤어스타일 : 커트나 단발처럼 짧은 머리는 활동적이면서도 단정한 이미지를 줄 수 있도록 정리한다. 긴 머리의 경우 하나로 묶거나 단정한 머리망으로 정리하는 것이 좋으며, 짙은 염색이나 화려한 웨이브는 피한다.

② 인사

㉠ 인사의 의미 : 인사는 예의범절의 기본이며 상대방의 마음을 여는 기본적인 행동이라고 할 수 있다. 인사는 처음 만나는 면접관에게 호감을 살 수 있는 가장 쉬운 방법이 될 수 있기도 하지만 제대로 예의를 지키지 않으면 지원자의 인성 전반에 대한 평가로 이어질 수 있으므로 각별히 주의해야 한다.

㉡ 인사의 핵심 포인트

- 인사말 : 인사말을 할 때에는 밝고 친근감 있는 목소리로 하며, 자신의 이름과 수험번호 등을 간략하게 소개한다.
- 시선 : 인사는 상대방의 눈을 보며 하는 것이 중요하며 너무 빤히 쳐다본다는 느낌이 들지 않도록 주의한다.
- 표정 : 인사는 마음에서 우러나오는 존경이나 반가움을 표현하고 예의를 차리는 것이므로 살짝 미소를 지으며 하는 것이 좋다.
- 자세 : 인사를 할 때에는 가볍게 목만 숙인다거나 흐트러진 상태에서 인사를 하지 않도록 주의하며 절도 있고 확실하게 하는 것이 좋다.

③ 시선처리와 표정, 목소리

　㉠ 시선처리와 표정 : 표정은 면접에서 지원자의 첫인상을 결정하는 중요한 요소이다. 얼굴표정은 사람의 감정을 가장 잘 표현할 수 있는 의사소통 도구로 표정 하나로 상대방에게 호감을 주거나, 비호감을 사기도 한다. 호감이 가는 인상의 특징은 부드러운 눈썹, 자연스러운 미간, 적당히 볼록한 광대, 올라간 입 꼬리 등으로 가볍게 미소를 지을 때의 표정과 일치한다. 따라서 면접 중에는 밝은 표정으로 미소를 지어 호감을 형성할 수 있도록 한다. 시선은 면접관과 고르게 맞추되 생기 있는 눈빛을 띄도록 하며, 너무 빤히 쳐다본다는 인상을 주지 않도록 한다.

　㉡ 목소리 : 면접은 주로 면접관과 지원자의 대화로 이루어지므로 목소리가 미치는 영향이 상당하다. 답변을 할 때에는 부드러우면서도 활기차고 생동감 있는 목소리로 하는 것이 면접관에게 호감을 줄 수 있으며 적당한 제스처가 더해진다면 상승효과를 얻을 수 있다. 그러나 적절한 답변을 하였음에도 불구하고 콧소리나 날카로운 목소리, 자신감 없는 작은 목소리는 답변의 신뢰성을 떨어뜨릴 수 있으므로 주의하도록 한다.

④ 자세

　㉠ 걷는 자세

　　• 면접장에 입실할 때에는 상체를 곧게 유지하고 발끝은 평행이 되게 하며 무릎을 스치듯 11자로 걷는다.
　　• 시선은 정면을 향하고 턱은 가볍게 당기며 어깨나 엉덩이가 흔들리지 않도록 주의한다.
　　• 발바닥 전체가 닿는 느낌으로 안정감 있게 걸으며 발소리가 나지 않도록 주의한다.
　　• 보폭은 어깨넓이만큼이 적당하지만, 스커트를 착용했을 경우 보폭을 줄인다.
　　• 걸을 때도 미소를 유지한다.

　㉡ 서있는 자세

　　• 몸 전체를 곧게 펴고 가슴을 자연스럽게 내민 후 등과 어깨에 힘을 주지 않는다.
　　• 정면을 바라본 상태에서 턱을 약간 당기고 아랫배에 힘을 주어 당기며 바르게 선다.
　　• 양 무릎과 발뒤꿈치는 붙이고 발끝은 11자 또는 V형을 취한다.
　　• 남성의 경우 팔을 자연스럽게 내리고 양손을 가볍게 쥐어 바지 옆선에 붙이고, 여성의 경우 공수자세를 유지한다.

ⓒ 앉은 자세

• 남성

- 의자 깊숙이 앉고 등받이와 등 사이에 주먹 1개 정도의 간격을 두며 기대듯 앉지 않도록 주의한다. (남녀 공통 사항)
- 무릎 사이에 주먹 2개 정도의 간격을 유지하고 발끝은 11자를 취한다.
- 시선은 정면을 바라보며 턱은 가볍게 당기고 미소를 짓는다. (남녀 공통 사항)
- 양손은 가볍게 주먹을 쥐고 무릎 위에 올려놓는다.
- 앉고 일어날 때에는 자세가 흐트러지지 않도록 주의한다. (남녀 공통 사항)

• 여성

- 스커트를 입었을 경우 왼손으로 뒤쪽 스커트 자락을 누르고 오른손으로 앞쪽 자락을 누르며 의자에 앉는다.
- 무릎은 붙이고 발끝을 가지런히 한다.
- 양손을 모아 무릎 위에 모아 놓으며 스커트를 입었을 경우 스커트 위를 가볍게 누르듯이 올려놓는다.

(2) 면접 예절

① 행동 관련 예절

ⓐ 지각은 절대금물 : 시간을 지키는 것은 예절의 기본이다. 지각을 할 경우 면접에 응시할 수 없거나, 면접 기회가 주어지더라도 불이익을 받을 가능성이 높아진다. 따라서 면접장소가 결정되면 교통편과 소요시간을 확인하고 가능하다면 사전에 미리 방문해 보는 것도 좋다. 면접 당일에는 서둘러 출발하여 면접 시간 20~30분 전에 도착하여 회사를 둘러보고 환경에 익숙해지는 것도 성공적인 면접을 위한 요령이 될 수 있다.

ⓑ 면접 대기 시간 : 지원자들은 대부분 면접장에서의 행동과 답변 등으로만 평가를 받는다고 생각하지만 그렇지 않다. 면접관이 아닌 면접진행자 역시 대부분 인사실무자이며 면접관이 면접 후 지원자에 대한 평가에 있어 확신을 위해 면접진행자의 의견을 구한다면 면접진행자의 의견이 당락에 영향을 줄 수 있다. 따라서 면접 대기 시간에도 행동과 말을 조심해야 하며, 면접을 마치고 돌아가는 순간까지도 긴장을 늦춰서는 안 된다. 면접 중 압박적인 질문에 답변을 잘 했지만, 면접장을 나와 흐트러진 모습을 보이거나 욕설을 한다면 면접 탈락의 요인이 될 수 있으므로 주의해야 한다.

ⓒ **입실 후 태도** : 본인의 차례가 되어 호명되면 또렷하게 대답하고 들어간다. 만약 면접장 문이 닫혀 있다면 상대에게 소리가 들릴 수 있을 정도로 노크를 두세 번 한 후 대답을 듣고 나서 들어가야 한다. 문을 여닫을 때에는 소리가 나지 않게 조용히 하며 공손한 자세로 인사한 후 성명과 수험번호를 말하고 면접관의 지시에 따라 자리에 앉는다. 이 경우 착석하라는 말이 없는데 먼저 의자에 앉으면 무례한 사람으로 보일 수 있으므로 주의한다. 의자에 앉을 때에는 끝에 앉지 말고 무릎 위에 양손을 가지런히 얹는 것이 예절이라고 할 수 있다.

ⓔ **옷매무새를 자주 고치지 마라.** : 일부 지원자의 경우 옷매무새 또는 헤어스타일을 자주 고치거나 확인하기도 하는데 이러한 모습은 과도하게 긴장한 것 같아 보이거나 면접에 집중하지 못하는 것으로 보일 수 있다. 남성 지원자의 경우 넥타이를 자꾸 고쳐 맨다거나 정장 상의 끝을 너무 자주 만지작거리지 않는다. 여성 지원자는 머리를 계속 쓸어 올리지 않고, 특히 짧은 치마를 입고서 신경이 쓰여 치마를 끌어 내리는 행동은 좋지 않다.

ⓜ **다리를 떨거나 산만한 시선은 면접 탈락의 지름길** : 자신도 모르게 다리를 떨거나 손가락을 만지는 등의 행동을 하는 지원자가 있는데, 이는 면접관의 주의를 끌 뿐만 아니라 불안하고 산만한 사람이라는 느낌을 주게 된다. 따라서 가능한 한 바른 자세로 앉아 있는 것이 좋다. 또한 면접관과 시선을 맞추지 못하고 여기저기 둘러보는 듯한 산만한 시선은 지원자가 거짓말을 하고 있다고 여겨지거나 신뢰할 수 없는 사람이라고 생각될 수 있다.

② **답변 관련 예절**

ⓐ **면접관이나 다른 지원자와 가치 논쟁을 하지 않는다.** : 질문을 받고 답변하는 과정에서 면접관 또는 다른 지원자의 의견과 다른 의견이 있을 수 있다. 특히 평소 지원자가 관심이 많은 문제이거나 잘 알고 있는 문제인 경우 자신과 다른 의견에 대해 이의가 있을 수 있다. 하지만 주의할 것은 면접에서 면접관이나 다른 지원자와 가치 논쟁을 할 필요는 없다는 것이며 오히려 불이익을 당할 수도 있다. 정답이 정해져 있지 않은 경우에는 가치관이나 성장배경에 따라 문제를 받아들이는 태도에서 답변까지 충분히 차이가 있을 수 있으므로 굳이 면접관이나 다른 지원자의 가치관을 지적하고 고치려 드는 것은 좋지 않다.

ⓒ 답변은 항상 정직해야 한다. : 면접이라는 것이 아무리 지원자의 장점을 부각시키고 단점을 축소시키는 것이라고 해도 절대로 거짓말을 해서는 안 된다. 거짓말을 하게 되면 지원자는 불안하거나 꺼림칙한 마음이 들게 되어 면접에 집중을 하지 못하게 되고 수많은 지원자를 상대하는 면접관은 그것을 놓치지 않는다. 거짓말은 그 지원자에 대한 신뢰성을 떨어뜨리며 이로 인해 다른 스펙이 아무리 훌륭하다고 해도 채용에서 탈락하게 될 수 있음을 명심하도록 한다.

ⓒ 경력직을 경우 전 직장에 대해 험담하지 않는다. : 지원자가 전 직장에서 무슨 업무를 담당했고 어떤 성과를 올렸는지는 면접관이 관심을 둘 사항일 수 있지만, 이전 직장의 기업문화나 상사들이 어땠는지는 그다지 궁금해 하는 사항이 아니다. 전 직장에 대해 험담을 늘어놓는다든가, 동료와 상사에 대한 악담을 하게 된다면 오히려 지원자에 대한 부정적인 이미지만 심어줄 수 있다. 만약 전 직장에 대한 말을 해야 할 경우가 생긴다면 가능한 한 객관적으로 이야기하는 것이 좋다.

ⓒ 자기 자신이나 배경에 대해 자랑하지 않는다. : 자신의 성취나 부모 형제 등 집안사람들이 사회·경제적으로 어떠한 위치에 있는지에 대한 자랑은 면접관으로 하여금 지원자에 대해 오만한 사람이거나 배경에 의존하려는 나약한 사람이라는 이미지를 갖게 할 수 있다. 따라서 자기 자신이나 배경에 대해 자랑하지 않도록 하고, 자신이 한 일에 대해서 너무 자세하게 얘기하지 않도록 주의해야 한다.

3 면접 질문 및 답변 포인트

(1) 가족 및 대인관계에 관한 질문

① 당신의 가정은 어떤 가정입니까?

면접관들은 지원자의 가정환경과 성장과정을 통해 지원자의 성향을 알고 싶어 이와 같은 질문을 한다. 비록 가정 일과 사회의 일이 완전히 일치하는 것은 아니지만 '가화만사성'이라는 말이 있듯이 가정이 화목해야 사회에서도 화목하게 지낼 수 있기 때문이다. 그러므로 답변 시에는 가족사항을 정확하게 설명하고 집안의 분위기와 특징에 대해 이야기하는 것이 좋다.

② 친구 관계에 대해 말해 보십시오.

지원자의 인간성을 판단하는 질문으로 교우관계를 통해 답변자의 성격과 대인관계능력을 파악할 수 있다. 새로운 환경에 적응을 잘하여 새로운 친구들이 많은 것도 좋지만, 깊고 오래 지속되어온 인간관계를 말하는 것이 더욱 바람직하다.

(2) 성격 및 가치관에 관한 질문

① 당신의 PR포인트를 말해 주십시오.

PR포인트를 말할 때에는 지나치게 겸손한 태도는 좋지 않으며 적극적으로 자기를 주장하는 것이 좋다. 앞으로 입사 후 하게 될 업무와 관련된 자기의 특성을 구체적인 일화를 더하여 이야기하도록 한다.

② 당신의 장·단점을 말해 보십시오.

지원자의 구체적인 장·단점을 알고자 하기 보다는 지원자가 자기 자신에 대해 얼마나 알고 있으며 어느 정도의 객관적인 분석을 하고 있나, 그리고 개선의 노력 등을 시도하는지를 파악하고자 하는 것이다. 따라서 장점을 말할 때는 업무와 관련된 장점을 뒷받침할 수 있는 근거와 함께 제시하며, 단점을 이야기할 때에는 극복을 위한 노력을 반드시 포함해야 한다.

③ 가장 존경하는 사람은 누구입니까?

존경하는 사람을 말하기 위해서는 우선 그 인물에 대해 알아야 한다. 잘 모르는 인물에 대해 존경한다고 말하는 것은 면접관에게 바로 지적당할 수 있으므로, 추상적이라도 좋으니 평소에 존경스럽다고 생각했던 사람에 대해 그 사람의 어떤 점이 좋고 존경스러운지 대답하도록 한다. 또한 자신에게 어떤 영향을 미쳤는지도 언급하면 좋다.

(3) 학교생활에 관한 질문

① 지금까지의 학교생활 중 가장 기억에 남는 일은 무엇입니까?

가급적 직장생활에 도움이 되는 경험을 이야기하는 것이 좋다. 또한 경험만을 간단하게 말하지 말고 그 경험을 통해서 얻을 수 있었던 교훈 등을 예시와 함께 이야기하는 것이 좋으나 너무 상투적인 답변이 되지 않도록 주의해야 한다.

② 성적은 좋은 편이었습니까?

면접관은 이미 서류심사를 통해 지원자의 성적을 알고 있다. 그럼에도 불구하고 이 질문을 하는 것은 지원자가 성적에 대해서 어떻게 인식하느냐를 알고자 하는 것이다. 성적이 나빴던 이유에 대해서 변명하려 하지 말고 담백하게 받아드리고 그것에 대한 개선노력을 했음을 밝히는 것이 적절하다.

③ 학창시절에 시위나 집회 등에 참여한 경험이 있습니까?

기업에서는 노사분규를 기업의 사활이 걸린 중대한 문제로 인식하고 거시적인 차원에서 접근한다. 이러한 기업문화를 제대로 인식하지 못하여 학창시절의 시위나 집회 참여 경험을 자랑스럽게 답변할 경우 감점요인이 되거나 심지어는 탈락할 수 있다는 사실에 주의한다. 시위나 집회에 참가한 경험을 말할 때에는 타당성과 정도에 유의하여 답변해야 한다.

(4) 지원동기 및 직업의식에 관한 질문

① 왜 우리 회사를 지원했습니까?

이 질문은 어느 회사나 가장 먼저 물어보고 싶은 것으로 지원자들은 기업의 이념, 대표의 경영능력, 재무구조, 복리후생 등 외적인 부분을 설명하는 경우가 많다. 이러한 답변도 적절하지만 지원 회사의 주력 상품에 관한 소비자의 인지도, 경쟁사 제품과의 시장점유율을 비교하면서 입사동기를 설명한다면 상당히 주목 받을 수 있을 것이다.

② 만약 이번 채용에 불합격하면 어떻게 하겠습니까?

불합격할 것을 가정하고 회사에 응시하는 지원자는 거의 없을 것이다. 이는 지원자를 궁지로 몰아넣고 어떻게 대응하는지를 살펴보며 입사 의지를 알아보려고 하는 것이다. 이 질문은 너무 깊이 들어가지 말고 침착하게 답변하는 것이 좋다.

③ 당신이 생각하는 바람직한 사원상은 무엇입니까?

직장인으로서 또는 조직의 일원으로서의 자세를 묻는 질문으로 지원하는 회사에서 어떤 인재상을 요구하는 가를 알아두는 것이 좋으며, 평소에 자신의 생각을 미리 정리해 두어 당황하지 않도록 한다.

④ 직무상의 적성과 보수의 많음 중 어느 것을 택하겠습니까?

이런 질문에서 회사 측에서 원하는 답변은 당연히 직무상의 적성에 비중을 둔다는 것이다. 그러나 적성만을 너무 강조하다 보면 오히려 솔직하지 못하다는 인상을 줄 수 있으므로 어느 한 쪽을 너무 강조하거나 경시하는 태도는 바람직하지 못하다.

⑤ 상사와 의견이 다를 때 어떻게 하겠습니까?

과거와 다르게 최근에는 상사의 명령에 무조건 따르겠다는 수동적인 자세는 바람직하지 않다. 회사에서는 때에 따라 자신이 판단하고 행동할 수 있는 직원을 원하기 때문이다. 그러나 지나치게 자신의 의견만을 고집한다면 이는 팀원 간의 불화를 야기할 수 있으며 팀 체제에 악영향을 미칠 수 있으므로 선호하지 않는다는 것에 유념하여 답해야 한다.

⑥ 근무지가 지방인데 근무가 가능합니까?

근무지가 지방 중에서도 특정 지역은 되고 다른 지역은 안 된다는 답변은 바람직하지 않다. 직장에서는 순환 근무라는 것이 있으므로 처음에 지방에서 근무를 시작했다고 해서 계속 지방에만 있는 것은 아님을 유의하고 답변하도록 한다.

(5) 여가 활용에 관한 질문

① 취미가 무엇입니까?

기초적인 질문이지만 특별한 취미가 없는 지원자의 경우 대답이 애매할 수밖에 없다. 그래서 가장 많이 대답하게 되는 것이 독서, 영화감상, 혹은 음악감상 등과 같은 흔한 취미를 말하게 되는데 이런 취미는 면접관의 주의를 끌기 어려우며 설사 정말 위와 같은 취미를 가지고 있다하더라도 제대로 답변하기는 힘든 것이 사실이다. 가능하면 독특한 취미를 말하는 것이 좋으며 이제 막 시작한 것이라도 열의를 가지고 있음을 설명할 수 있으면 그것을 취미로 답변하는 것도 좋다.

(6) 지원자를 당황하게 하는 질문

① 성적이 좋지 않은데 이 정도의 성적으로 우리 회사에 입사할 수 있다고 생각합니까?

비록 자신의 성적이 좋지 않더라도 이미 서류심사에 통과하여 면접에 참여하였다면 기업에서는 지원자의 성적보다 성적 이외의 요소, 즉 성격·열정 등을 높이 평가했다는 것이라고 할 수 있다. 그러나 이런 질문을 받게 되면 지원자는 당황할 수 있으나 주눅 들지 말고 침착하게 대처하는 면모를 보인다면 더 좋은 인상을 남길 수 있다.

② 우리 회사 회장님 함자를 알고 있습니까?

회장이나 사장의 이름을 조사하는 것은 면접일을 통고받았을 때 이미 사전 조사되었어야 하는 사항이다. 단답형으로 이름만 말하기보다는 그 기업에 입사를 희망하는 지원자의 입장에서 답변하는 것이 좋다.

③ 당신은 이 회사에 적합하지 않은 것 같군요.

이 질문은 지원자의 입장에서 상당히 곤혹스러울 수밖에 없다. 질문을 듣는 순간 그렇다면 면접은 왜 참가시킨 것인가 하는 생각이 들 수도 있다. 하지만 당황하거나 흥분하지 말고 침착하게 자신의 어떤 면이 회사에 적당하지 않은지 겸손하게 물어보고 지적당한 부분에 대해서 고치겠다는 의지를 보인다면 오히려 자신의 능력을 어필할 수 있는 기회로 사용할 수도 있다.

④ 다시 공부할 계획이 있습니까?

이 질문은 지원자가 합격하여 직장을 다니다가 공부를 더 하기 위해 회사를 그만 두거나 학습에 더 관심을 두어 일에 대한 능률이 저하될 것을 우려하여 묻는 것이다. 이때에는 당연히 학습보다는 일을 강조해야 하며, 업무 수행에 필요한 학습이라면 업무에 지장이 없는 범위에서 야간학교를 다니거나 회사에서 제공하는 연수 프로그램 등을 활용하겠다고 답변하는 것이 적당하다.

⑤ 지원한 분야가 전공한 분야와 다른데 여기 일을 할 수 있겠습니까?

수험생의 입장에서 본다면 지원한 분야와 전공이 다르지만 서류전형과 필기전형에 합격하여 면접을 보게 된 경우라고 할 수 있다. 이는 결국 해당 회사의 채용 방침상 전공에 크게 영향을 받지 않는다는 것이므로 무엇보다 자신이 전공하지는 않았지만 어떤 업무도 적극적으로 임할 수 있다는 자신감과 능동적인 자세를 보여주도록 노력하는 것이 좋다.

면접기출

1 포스코 면접 Tip

① **기본에 충실하라** … 면접전형은 다양하게 진행된다. 면접유형에 따라 다양하게 준비해야 하는 것은 아니다. 중요한 것은 입사지원서 내용, 전공분야, 지원직무 등 스스로에 대해 충분히 리뷰하여 숙지하는 것이다.

② **밝고 자신감 있는 태도** … 면접시간은 짧지만 지원서상의 지원자의 능력을 검증하는 중요한 자리다. 긴장되는 시간이지만 밝고 자신감 있는 태도로 임하는 것이 필수다. 예상치 못한 질문이나 미션을 받더라도 당황하지 않고 침착하게 자신의 의견을 전달하려는 태도도 필요하다.

③ **간결하고 정확한 답변** … 면접은 정해진 시간 내에 면접위원들에게 여러 정보를 전달하는 과정이다. 따라서 최대한 간결하면서도 정확하게 답변해야 한다. 이를 위해서는 우선 면접위원의 질문의 의도를 파악하고 이에 맞는 내용을 두괄식으로 결론을 먼저 제시한 뒤 설명을 붙이는 방식으로 답변하는 것이 중요하다.

④ 포스코 면접은 직무역량 평가를 위한 1차 면접과 가치적합성 평가를 위한 2차 면접으로 나뉜다.

　㉠ 1차 면접

	HR(인성)면접(ST1)	직무면접(ST2)	분석발표(PT)면접(AP)	조별활동(GA)
면접인원	조당 2~3인	조당 2~3명	개별발표	조당 6~7명
면접관	실무진 2명	실무진 2명	실무진 2명	
면접질문	이력, 자소서+인성	기술	PT 발표내용+기술	주제를 정한 후 2시간 동안 협업하여 토의, 정해진 주제로 PPT 작성/발표
소요시간	20분	20분	준비 35분+발표5분	

　• 이 외 주어진 역사를 주제로 토의를 한 역사 에세이와 회사와 관련된 도서의 이해도를 평가하기 위한 도서퀴즈를 실시

　㉡ 2차 면접

　• 임원면접 : 임원진 면접관 2명이 참석하며 면접은 3인 1조로 인성 및 역량경험질문을 시행하며 소요시간은 20~30분 정도 소요된다.

2 포스코 면접기출

[AP / GD면접]

① 가상의 회사(조직도, 사업분야, 관계사 등의 자료)에 대한 미션 수행

② 최근 철강 산업의 현황에 대해 설명하시오.

③ B2B 마케팅이란 무엇인지 설명해보시오.

④ 가치경쟁의 개념은 무엇인지 설명해보시오.

[직무적합성]

① 포스코는 무엇의 약자인가?

② 포스코의 비전 및 핵심가치는 무엇인가?

③ 포스코에 대해 아는 것들에 대해 말해보시오.

④ 포스코에 왜 관심을 가지게 되었는지 말해보시오.

⑤ 포스코에서 5년 후, 10년 후의 자신의 모습에 대해 말해보시오.

⑥ 자신의 성격의 장단점을 설명해보시오.

⑦ 내가 생각하는 포스코의 장단점을 설명해보시오.

⑧ 졸업 후 이루고 싶은 목표와 현재 준비 상태는?

⑨ 만약 면접에서 떨어진다면 왜 떨어졌다고 생각하는가?

⑩ 우리나라뿐만 아니라 전 세계적으로 포스코의 경쟁사는 어디라고 생각하는가?

⑪ 자신이 추구하는 가치는 무엇인가?

⑫ 자신이 가장 잘할 수 있는 것은 무엇인가?

[역사에세이]

① 세계사적으로 청동기시대에서 철기시대로 넘어오면서 제철기술의 발달은 그 나라의 국력으로 이어졌고 그것은 현 시대에서도 마찬가지이다. 그렇다면 현 시대에서는 제철기술의 발달이 어떻게 국력으로 이어지는지 과거와 비교하여 1000자 내외로 작성하시오.

② 우리나라 고대국가 중 하나인 가야는 과거 한반도 남쪽에 자리 잡은 국가 중 하나로 철 생산과 철기 제작 기술이 특히 발달하였다. 하지만 그럼에도 불구하고 가야는 6세기 중반 신라에 의해 멸망하고 말았다. 가야의 멸망 원인과 그것이 현재 우리에게 주는 시사점에 대해 1000자 내외로 작성하시오.

[가치적합성]

① 타인을 배려했던 경험이나 꾸준하게 봉사활동을 했던 경험이 있으면 말해보시오.

② 영어로 자신의 신조에 대해 말해 보시오.

③ 자신이 목표를 설정하여 과제를 수행해 본 경험이 있는가?

④ 창업경험이 있는데 창업이 아니라 취업을 한 이유는 무엇인가?

⑤ 지원한 철강 산업 분야에 관련된 이슈에 대해 말해보시오.

⑥ 지원한 분야에 가장 필요한 지원자의 역량은 무엇이라고 생각하는가?

⑦ 지원한 분야에 대한 준비는 어느 정도 했는가?

⑧ 임진왜란에 대해 아는 대로 말해보시오.

⑨ 우리나라에서 가장 큰 제철소는 어디에 있는가?

⑩ 지방근무를 하게 될 가능성이 있는데 괜찮은가?

⑪ 지원분야와 관련하여 읽은 책이 있는가?

⑫ 지원분야의 근무경험이 있는가?

⑬ 학교 다닐 때 가장 재미있게 공부했던 과목은 무엇인가?

상식
용어사전
시리즈

합격GO!

✪ 빈출 일반상식

공기업/공공기관 채용시험 일반상식에서 자주 나오는 빈출문항을 정리하여 수록한 교재! 한 권으로 일반상식 시험 준비 마무리 하자!

✪ 중요한 용어만 한눈에 보는 시사용어사전 1152

매일 접하는 각종 기사와 정보 속에서 현대인이 놓치기 쉬운, 그러나 꼭 알아야 할 최신 시사상식을 쏙쏙 뽑아 이해하기 쉽도록 정리했다!

✪ 중요한 용어만 한눈에 보는 경제용어사전 1007

주요 경제용어는 거의 다 실었다! 경제가 쉬워지는 책, 경제용어사전!

✪ 중요한 용어만 한눈에 보는 부동산용어사전 1300

부동산에 대한 이해를 높이고 부동산의 개발과 활용, 투자 및 부동산 용어 학습에도 적극적으로 이용할 수 있는 부동산용어사전!

자격증 기출문제 총집합!

자격증 별로 정리된
기출문제로 깔끔하게 합격하자!

기출문제로 자격증 시험 준비하자!

스포츠지도사, 손해사정사, 손해평가사, 농산물품질관리사, 수산물품질관리사, 관광통역안내사,
국내여행안내사, 보세사, 건축기사, 토목기사